算法
社会中的法律沉思

汪雄 主编

中国政法大学出版社
2020·北京

声　明　1. 版权所有，侵权必究。
　　　　2. 如有缺页、倒装问题，由出版社负责退换。

图书在版编目（ＣＩＰ）数据

算法社会中的法律沉思/汪雄主编. —北京:中国政法大学出版社,2020.12
ISBN 978-7-5620-9762-4

Ⅰ.①算… Ⅱ.①汪… Ⅲ.①最优化算法－应用－法律社会学 Ⅳ.①D902-39

中国版本图书馆CIP数据核字(2020)第232036号

出　版　者	中国政法大学出版社
地　　　址	北京市海淀区西土城路25号
邮寄地址	北京100088 信箱8034分箱　邮编100088
网　　　址	http://www.cuplpress.com (网络实名：中国政法大学出版社)
电　　　话	010-58908586(编辑部) 58908334(邮购部)
编辑邮箱	zhengfadch@126.com
承　　　印	固安华明印业有限公司
开　　　本	880mm×1230mm　1/32
印　　　张	6.75
字　　　数	200千字
版　　　次	2020年12月第1版
印　　　次	2020年12月第1次印刷
定　　　价	39.00元

作者简介

(按姓氏笔画排序)

江　溯，北京大学法学院副教授，北京大学法律人工智能实验室/研究中心副主任。

沈伟伟，中国政法大学法学院副教授，大数据和人工智能法律研究中心主任。

苏　宇，中国人民公安大学法学院副教授。

张凌寒，北京科技大学文法学院副教授。

张吉豫，中国人民大学法学院副教授、未来法治研究院研究员。

赵　磊，中国社会科学院法学研究所研究员，法学博士。

於兴中，康奈尔大学法学院 Anthony W. and Lulu C. Wang 中国法讲席教授；杭州师范大学、西北政法大学特聘教授。

蒋　舸，清华大学法学院副教授。

编者前言
Editor's note

以算法为基础的大数据和人工智能极大地便利了我们的生活，我们已然跨入算法社会（algorithmic society），前景似乎一片光明，但算法社会是一个值得我们全身心投入的理想社会吗？当我们沉浸在算法红利带来的喜悦中时，不要忘记施特劳斯曾告诫过我们：新科学让人的力量得到了巨大增长，但人的智慧和品德没有同步增长，现代人是个瞎了眼的巨人。

现代科技成就了这个巨人，社会运转和沟通的速度越来越高效，但同时人类也陷入越来越多的可能危险之中，例如核泄漏、信息泄漏等等，当然可以通过制度来减少和规避风险，甚至给巨人套上头箍。但须知，科学技术会不断发展，巨人的力量会不断增大，并试图挣脱头箍的约束，而头箍的约束力总是滞后于科学技术的发展。这位科学的巨人一方面极易突破外在头箍的约束，另一方面，现代科学所倡导的道德中立也让这位巨人摆脱了内在道德的约束，这位巨人仿如现代社会中的"利维坦"，看不见前方，极其危险。

其实，科学技术与心灵和道德的分离是近代科技革命之后的事情。在古希腊人看来，科学研究和心灵德性密切相关，廊下派的创始人芝诺（Zeno of Citium）认为有德性的生活就是与自然相一致的生活。就连我们最熟悉的托勒密（Claudius Ptolemy，约公元90年至公元168年）在其著名的《天文学大成》提到，天文学的最终目标是道德和灵性的发展。因此，托勒密的道德天文学与柏拉图的《蒂迈欧》所确立的科学传统完全一致,哲学生活的目标与研究宇宙密切相关。哈里森(Harrison)在《科学与宗教的领地》中认为希腊科学并不拒斥神话与宗教。阿奎那(1225年至1274年)在讨论《神学大全》中的德性时指出,"科学"是一种心灵习性或"理智德性"。科学不仅是一种个人品质,而且还具有道德成分。阿奎那认为科学首先是一种个人品质,而现代我们习惯把科学看作一套知识和信念的系统,主张价值中立。但是,把科学理解为心灵习性的观点在文艺复兴时期却是一个常识。

17世纪的科学革命之后,现代的、系统性的科学概念逐渐取代了作为德性或心灵习性的科学概念。用来刻画"科学"这一理性德性的内在品质变成了方法和教理。1771年《不列颠百科全书》中的科学词条:科学,在哲学语境下指通过合乎规则的证明从自明而确定的原理中导出的学说。也就是说,在17世纪之前,科学知识是给心灵灌输科学习性的一种手段,而现在,培养人的心灵的习性主要是为了产生科学知识。美国哲学家和心理学家詹姆士(William james,1842年至1910年)认为科学绝对不牵涉个人感情。不过,把科学和道德彻底撇开的是马克斯·韦伯(1864年至1920年),在《以科学为志业》中,韦伯否认了科学的道德教化作用,认为那是一种虚构的理想。

科学一旦跟道德脱钩,所有寻找其内在约束的努力都将成为徒劳,面对这位瞎眼巨人,我们只能退而求其次寻求外部约束,哪怕这是次佳的选择。而在外部约束之中,法律是最佳的选择。

如果法律一旦插手算法规制,就面临两个前提性问题:第一,法律以什么为价值目标来规制算法?科学技术让我们的生活越来越高效,同时也让我们处于更多潜在危险之中,所以规

编者前言

制的直接目标是安全,但安全仅仅只是最低的价值,我们在安全的基础之上总希求更幸福、更有道德和更好的生活。第二,法律规制算法本身还是规制操纵算法的人?我们之所以担心算法这种新型科技可能侵犯我们的权利,不是因为我们担心算法这个工具本身,而是担心这个工具被谁来使用,如果被居心叵测的人来使用和掌握,算法歧视、算法黑箱等一系列问题就会涌现。如果被强者掌握,强者自然把它当成宰制弱者的工具,固化既有的不平等。所以,算法本身和算法的设计、使用者都是规制的对象。

解决两个前提性问题之后,在法律规制的具体过程之中,我们可以把算法导致的问题分为两类:一类是应用算法导致的社会问题,例如自动驾驶中的算法错误问题,还有算法歧视、算法黑箱、算法共谋等问题。当然,还有一些算法技术虽然还没有显现出上述问题,但是它在现代社会中却日益重要,需要提前布防,例如区块链;另一类是通过算法来实施和执行法律导致的问题,在著作权法领域,广泛使用算法实时检测侵权作品,并自动向侵权者发送通知,这极大地适应了算法社会的需求,但也带来了一些问题,例如有时算法不能区分"合理使用"和侵权行为等问题,如何在著作权法领域解决这些问题?并且,这种算法辅助工具目前也应用于刑事审判中,例如美国的COMPAS累犯风险评估系统就是一套算法,可以对犯罪嫌疑人的累犯风险进行评估,供法官在量刑时参考。但是这种依赖算法的量刑如果出错的话,可能极大地侵犯犯罪嫌疑人的权利,刑事司法如何用好算法?这些问题都需要法律专家提供解决方案。

当然,算法之所以能被广泛应用在法律的执行和适用之中,甚至成为司法审判的辅助工具,是因为算法与法律具有某些类似性,使得法律可以被算法化。其实,在古希腊,人们也设想过理想的社会治理应该客观理性中立，亚里士多德在《政治学》中就据此反对一人统治，因为人有情感，在执政时可能偏私。他认为法律完全没有感情，所以依赖法律的政体比依赖一人统治的政体要好。在这方面，算法同样也排斥情感，所以法律在一定程度上能被算法化，例如电子警察自动执法等。但是法律算法化的程度是有限的，因为疑难案件中个案正义之实现涉及利益权衡或价值判断，这都是算法所不及的。因此，各类算法可以成为立法、司法和执法的辅助工具，但不能完全取代立法者、法官和警察。

无论是规制算法导致的社会问题，还是规制算法实施和执行法律的过程中导致的问题，都可以采取事前规制和事后规制两种方法。在事前规制的策略之下，有一种声音乐观地认为只要坚持算法透明原则，让算法黑箱暴露在阳光之下，所有算法的问题都迎刃而解。透明原则真这么有效吗？如果答案是否定的，那么我们就需要把眼光放在事后规制模式之上，事后规制模式的重点是什么？如果是算法解释权的话，如何给算法解释权下定义？它有着什么样的内部构造？这些问题都亟须理论界的解答。

算法社会悄然来临，人们喜忧参半，法律人本着这颗忧世之心形成了很多有益的思考，特别是这八篇文章很好地解答了上述问题，感谢八位作者的慷慨助力！当然，算法社会还有很多问题有待探索，法律人依然任重道远，沉思永无止境。

目 录

算法社会与人的秉性 …………………………………… 001

论算法规制的价值目标与机制设计 …………………… 019

区块链技术的算法规制 ………………………………… 039

智能社会法律的算法实施及其规制的法理基础

　　——以著作权领域在线内容分享平台的自动侵权检测

　　　为例 ………………………………………………… 063

自动化决策、刑事司法与算法规制

　　——由"卢米斯案"引发的思考 ………………… 096

作为算法的法律 ………………………………………… 127

算法透明原则的迷思

　　——算法规制理论的批判性思考 ………………… 150

商业自动化决策的算法解释权研究 …………………… 184

算法社会与人的秉性

於兴中

摘要：本文立足于评论算法社会的利与弊，旨在强调人工智能的限度就是人的限度，算法社会并不是理想的社会。算法社会对人的科技素质的要求极高，没有相当的教育水准是难以适应的。这就注定了算法社会一定是科技精英的社会。少数人会成为主宰，而大多数的人只能顺从。我们可能正在期望一个比现有社会更不平等的社会。这种不平等是从起点到结果的全方位的不平等，这是罗尔斯、桑德尔和森合起来也无法对付的。算法社会只是人的智性单向度发展的最新成果，但是科技乌托邦并不是人类的未来。理想的人类社会应该是人的智性、心性和灵性都能得到高度发展的社会。算法社会只能使人的智性过度发展，从而使人丧失人性中更为宝贵和自然的组成部分，如心性和灵性。因此，必须以警惕的态度审视目前正在不断升温的人工智能万能论。

关键词：算法社会；科技乌托邦；人类增强；心性；智性；灵性；人工情能；通用人工智能；奇点

引　言

算法已经成为我们这个时代的迷思。算法为我们指引方向；算法为我们筛选研究成果；算法为我们确定该由机器还是人给我们做手术；算法也能为我们吟诗作乐。更为厉害的是，算法还可以自己学习改进，精益求精。算法助人为乐，给人提供服务的前景好像一片光明。然而，算法到底是什么？它们如何做到上面所说的这一切？算法可以解决任何难题吗？算法有什么负面作用？这些问题计算机和人工智能的专家们到现在也还没有统一的答案。[1]

倒是有人认为算法大体上是可以界定的。但普遍意义上严格的定义却也不太可能，因为存在不同种类的算法，不同侧重点的算法，而算法是在不断扩展变化的。这种变化不仅仅是某一种算法自身的演进，而且会有新种类的算法被不断发掘出来。这就使算法的概念变得很难确定。比如，除了历久不衰仍在运用的经典的顺序算法（sequential algorithms），现在已有的算法包括平行（parallel）算法、互动（interactive）、分布式（distributed）、实时（real-time）、混合（hybrid）、量子（quantum）算法等。新型的算法很有可能还会出现。当然，这并不意味着给算法赋予严格的定义是绝不可能的事。[2] 集所有算法于一身的模范算法是算法研究者的梦想。算法虽然难以界定，但有人说我们已经进入了算法社会，人工智能、互联网、物联网这些只不过都是算法社会的序曲。[3] 一时间，算法社会、算法文化、

---

[1] Solon Barocas, Sophie Hood and Malte Ziewitz, "Governing Algorithms: A Provocation Piece (March 29, 2013)", available at SSRN: https://ssrn.com/abstract=2245322 or http://dx.doi.org/10.2139/ssrn.2245322. 关于算法的文献，载 https://socialmediacollective.org/reading-lists/critical-algorithm-studies.

[2] Yuri Gurevich, "What Is an Algorithm? (Revised)", Microsoft Research, Redmond, WA, USA, available at https://www.microsoft.com/en-us/research/wp-content/uploads/2017/01/209a.pdf.

[3] Jack M. Balkin, "The Three Laws of Robotics in the Age of Big Data (August 27, 2017)", *Ohio State Law Journal*, Vol. 78, (2017), available at SSRN: https://ssrn.com/abstract=2890965.

算法之治、社会算法这些新词成为学界热议的话题。那么，算法社会到底是一种什么样的社会？人在算法社会中占据何种地位？算法之下，人还有没有隐私？人还有没有活路？

我们已经生活在算法社会，而且很多人认为这是一件好事。从经济的角度来看，机器学习的算法可以刺激创新和生产增长。有研究表明，用于机器学习算法的大数据能够为很多行业带来增长点，诸如广告业、医疗卫生、基础设施、物流、交通运输等等。就日常生活而言，算法可以帮助我们节省时间和精力，比如网上搜索工具、网上银行以及智慧手机的程序等等。最近人们在期待的数字个人助手在几年后可能比手机更为抢手，因为数字个人助手可以整合各种适合我们的信息，并且预料我们会有什么样的需要。

然而，算法的广泛使用也给一般人造成了威胁。如果大公司可以通过大数据和算法事先了解我们的需求，那么这就会给自主选择和个人隐私带来很大不便。我们的信用评估、健康记录等现在都由机器来承担。这对大企业来讲是大好事，可以使企业更加有效率，而且有可能降低价格。在法律领域里拟真法律助手也越来越常见。ROSS 系统已经进入多家律师事务所。Lex Machina 也成为法律人越来越依赖的研究平台。由于算法技术的发展，法律领域里事实上正在发生一场大的变革。法律人所从事的事业实际上需要根据所掌握的信息作出判断。无论根据规则推理还是根据案例推理，都需要大量数据作为判断的基础。大数据的出现为法律人提供了非常好的机会。目前，人们推崇的"定量法律预测"（QLP）很可能会越来越重要。然而，对于法律消费者来说，大数据和算法并不总是福音。虽然某种算法在设计之初，动机是中立的，但也有可能产生偏见。可能是由于编程者下意识地把自己的偏见编进了程序，也有可能是数据本身就反映了相应的社会偏见。

比如，在就业方面，大数据已经被广泛用于帮助雇主挑选理想的工作人员，算法根据自己的运作方式对应聘工作者进行筛选，并为雇主提供一份理想人选的名单。已经有很多例子表明，通过算法提供的名单同样会有歧视的现象。在美国的环境下，如果一个人的名字听起来不像英美人常用的名字，则有可能成为算法歧视的对象。[1]

对于同一事物，由于关注的重点不同，观察的视角不同，所看到的结果也就不同。就互联网而论，生意人关注的是网上的商机，自由主义者关注的是网上的权利，政府工作人员则对网上内容的治理更感兴趣。网络已经渗透到了我们生活的各个角落，离开网络，我们似乎已经很难生存下去。互联网起到了重新界定人生意义的作用，而网络空间也发展成了另一个世界。

本文拟就算法社会的利与弊做非专业性的评论，旨在强调人工智能的限度就是人的限度，算法社会并不是理想的社会。它们只是人的智性单向度发展的最新成果，科技乌托邦并不是人类的未来。理想的人类社会应该是人的智性、心性和灵性都能得到高度发展的社会。算法社会只能使人的智性过度发展，从而使人丧失人性中更为宝贵和自然的组成部分，如心性和灵性。因此，必须以警惕的态度审视目前正在不断升温的人工智能万能论。

一、算法社会利弊论

今天，我们从事的所有事情几乎都由算法决定。谷歌决定

---

[1] Marina Bradbury, "There's an algorithm for that. Or there soon will be", *OECD INSIGHTS*, May 18, 2016, available at http://oecdinsights.org/2016/05/18/theres-an-algorithm-for-that-or-there-soon-will-be/.

我们每天首先读什么,亚马逊决定我们买什么书,找房子、找工作或者找朋友,都离不开各种各样的网络服务商提供的平台。人们会有意无意地遵从别人为其安排好的选择,尽管其可能不愿意让一台机器为自己做决定。我们在网上的行为和交易都会留下痕迹。无论买书、搜餐馆,还是在网上跟银行打交道都会成为"大数据",网商将会根据你的喜好和购物习惯给你推荐物品。

算法本来只是由编程员编写的一些电脑程式,但今天的算法已经能够自学、自我完善。它们接受的数据越多,读懂人的行为的概率就越大,在人工智能的路上走得就更远,尽管我们无法判断在这条路上走下去是好是坏。故此,霍金说:"成功创造人工智能是人类有史以来最重大的事情;然而,不幸的是,这也可能是最后一次,除非我们学会如何避免危险。"("Success in creating AI would be the biggest event in human history";"Unfortunately, it might also be the last, unless we learn how to avoid the risks".)[1]

如上所述,在算法社会,大数据、算法以及人工智能的运用与人的命运息息相关,人们的生活、就业及各种机会都受制于这些因素。而受惠于这些因素的主要是政府和企业。算法社会为政府和企业提供了大量的个人信息。政府通过各种渠道不仅可以有效地监测个人的网上信息和行为,也可以利用企业的基础设施和技术,帮助并参与对个人信息和网络的控制。因此,在数字时代,个人的言论自由会受到企业的监控,而且企业的监控无远弗届。当今的主要网络提供商都是大型的跨国公司,

---

[1] "The Independence", available at http://www.independent.co.uk/news/people/stephen-hawking-artificial-intelligence-diaster-human-history-leverhulme-centre-cambridge-a7371106.html.

它们的手臂可以伸到世界的每个角落。换句话说，在监控资本主义的视野内，个人作为算法与网络的消费者是无处逃遁的。[1]政府的手脚力所不能及的地方，企业却更为有效。当然，政府和企业的合作是建立在利益基础上的，而政府和企业之间的利益也并不一致。政府需要借助企业的基础设施和技术力量来达到自己的目的，而企业则为了免于干扰或获得更多资源与政府合作。尽管政府用纳税人的钱支持商家开发人工智能的做法是否正确很值得怀疑，但这种事情往往会以冠冕堂皇的借口证成，比如国家战略、民族的大计等等。在政府、企业和个人这个三角关系中，个人没有多少发言权，只能是牺牲品。对个人权利（尤其是隐私权和言论自由）的威胁来自多方面的渠道。[2]因此，在算法社会，消费者的权益变得尤其重要。

智能机器系统正在改变我们的生活。它们可以帮助人们安排日常事务、操持家务、从事研究、提供翻译、判断真假、协助断案，甚至进行艺术创作。随着人工智能在生活中的普及和不断提高，人类的生活会变得越来越有效率、越来越丰富。与此同时，随着人工智能以各种各样的形式走入我们的生活世界，人们开始担忧它可能带来的麻烦。机器人违反了法律，或者伤害了人身或财产，谁来承担责任？如何控制机器人产品的质量？自然人损坏了机器人应该如何赔偿？无人驾驶的交通工具出了

---

[1] John Bellamy Foster and Robert W. McChesney, "Surveillance Capitalism-Monopoly-Finance Capital, the Military-Industrial Complex, and the Digital Age", *Monthly Review*, Volume 66, Issue 03 (Jul 01, 2014).

[2] Jack M. Balkin, "Free Speech in the Algorithmic Society: Big Data, Private Governance, and New School Speech Regulation (September 9, 2017)", *UC Davis Law Review*, (2018 Forthcoming); "Yale Law School", Public Law Research Paper No. 615, available at SSRN: https://ssrn.com/abstract=3038939 or http://dx.doi.org/10.2139/ssrn.3038939.

事故该如何问责？[1]如何对待不良商家借人工智能谋取暴利？如何应对人工智能引起的业界的乱象和泡沫？如何规制人工智能的科学探索，从而避免使其走向反人类的方向？诸如此类的问题使要不要制定专门的人工智能法成了一个重要的话题。姑且不说像人工智能是否会取代人工，通用人工智能会不会超越人类等这类大科学家、思想家和企业家们所担心的终极问题。

当然，目前人们最担心的还是自己会不会丢掉工作。这种担心不仅体力劳动者有，脑力劳动者也有。人工智能的发展会不会带来大量的失业？货运卡车行业很明显已经受到了冲击。当人们热议伊隆·马斯克（Elon Musk）的自动驾驶汽车如何了得之时，可以预见的问题是卡车司机、出租车司机该怎么办？自动化将会使更多的人失去工作机会，包括办公室工作人员。有多种研究已经表明，未来20年间，大量的流水线工作人员，人文含量不高的工作岗位都会面临被机器人代替的危险。理想地说，自动化在某种意义上说是一种解放生产力或者还人以自由的动力。被解放出来的人也许可以从事更有意义的工作或者研究。一种乐观的态度认为，新技术革命初期会带来失业潮，但最后都会创造更多的机会。但没有人非常肯定地说这次也会如此。

另一个令人担心的问题是不平等。大数据、人工智能、算法、数据解析、机器学习、区块链，这些概念每天都在轰炸着我们。可是，真正理解它们却需要很好的教育背景。算法社会对人的科技素质的要求非常高，没有相当的教育水准是难以适应

---

[1] Frank A. Pasquale, "Toward a Fourth Law of Robotics: Preserving Attribution, Responsibility, and Explainability in an Algorithmic Society (July 14, 2017)", *Ohio State Law Journal*, Vol. 78, 2017; U of Maryland Legal Studies Research Paper No. 2017-21, available at SSRN: https://ssrn.com/abstract=3002546.

的。这就注定了算法社会一定是科技精英社会。少数人会成为主宰,而大多数人只能顺从。我们可能正在期望一个比现有社会更不平等的社会。这种不平等是从起点到结果的全方位的不平等,这是罗尔斯(Rawls)、桑德尔(Sandel)和森(Sen)合起来也无法对付的。

这种不平等首先是对资源占有的不平等。在数字时代,数据是最重要的资源。对数据的占有是成功与否的基础所在。目前的状况是,只有为数不多的几家公司有能力占有大量的数据,竞争也只能在很小的圈子里进行。脸书、谷歌、亚马逊、苹果及微软这五家互联网与人工智能开发的巨头在业界早已形成垄断之势。[1]其次是对机器创造的财富的分配。由于机器的广泛应用,大量的人工被代替。资本家利用机器创造的财富分配给被取代了的人员的可能性并不大。财富最终自然而然地掌握在少数拥有人工智能的大公司的所有者和支持他们的当权者手中。贫富差距正在而且将会被进一步拉大。所谓"后劳工"社会就是数字技术上有优势的寡头及其技术精英团队和当权者同谋共赢的社会。思之,令人悲伤不已!

机器对于人的行为的影响也是值得担忧的一个问题。智能手机的发明给人们的生活带来了无与伦比的方便,但也几乎把人变成了瘾君子。很多抵抗力较弱的人已经沦为手机的奴隶,每天机不离手,几乎分分秒秒都在看手机,或收发短信,或玩游戏,或看节目。美国佛罗里达州的一位母亲沉迷于手机游戏,不顾孩子。孩子一哭,便对其施加暴力,致使孩子死亡,做母亲的后悔莫及,而且还要面对法律的制裁。这样的悲剧在美国

---

[1] 参见 http://battellemedia.com/archives/2017/05/the-internet-big-five-is-now-the-worlds-big-five.php.

不止一次地发生过。[1]今天人们对机器的沉溺比当年人们吸食鸦片可能有过之而无不及，所不同的是，今天人们对迷恋机器的危害还没有充分认识。

任何先进技术都是一把"双刃剑"。可以被用来造福人类，也可能被用来毁灭人类。人工智能研究的最新、最尖端的成果恐怕都是首先用于军事方面。各国出于保护自己利益的需要，争先恐后地发展人工智能武器装备。无人驾驶飞机成为新一轮军备竞赛的主要装备。现在，拥有杀人机器人的国家已经不少，而且在不断增加。人工智能武器已经成为军火商贩卖的新式武器。人工智能武器不仅指杀人的机器人，或者用机器人代替人去当兵，而且更重要的是人工智能对网络系统和其他智能系统的瘫痪性攻击。网络安全因之是非常重要的安全问题。

然而，更为吊诡的而且也是无法预料的是人工智能自身的发展有可能超出人类的掌握。也许在某一个环节，人创造的人工智能会走上独立自主的道路，完全脱离人的掌控而自行其是，成为人的敌人或者从事不利于人类的活动。就像传说中的只喜欢制造曲别针的机器人，一切在它的眼中都是制造曲别针的原料，连人也不能幸免。更不用说，如果库茨韦尔（Ray Kurzweil）等人翘首以待的"奇点"成为现实，人与机器的关系将会发生何种翻天覆地的变化！[2]

二、奇点：科技乌托邦的天堂，人的地狱？

所谓奇点，我们知道这是广义相对论里面的观点，后来也

---

[1] INQUISITR："一位佛罗里达妈妈因孩子妨碍她在脸书上玩游戏将其摇抖致死"，载 https://www.inquisitr.com/88682/alexandra-tobias-farmville.

[2] "人工智能的九个伦理问题"，载 https://www.weforum.org/agenda/2016/10/top-10-ethical-issues-in-artificial-intelligence.

不断地有人在用，库茨韦尔更是把它推到了极致。意思是什么呢？奇点实际上就是虚实相交的点，海天结合的地方，时间和空间结合的地方。其既存在也不存在，充其量只是一种理论假设。库茨韦尔写了一本书就叫《奇点临近》，提出了所谓"奇点理论"，宣称2045年将出现"奇点"时刻，人类文明会走到终点，生物人将不复存在，取而代之的是一个叫作"奇点人"的新物种。[1]换言之，库兹韦尔预测2045年人类将与机器融合，获得永生。在《人神——未来简史》中，赫拉利（Harari）把人完全划约为算法，认为每个人真正的实质性的构造是算法。[2]如果人真的只是由算法构成的，那人工智能超越人是毫无疑问的，因为人不会比机器算得更快。这是一种非常可怕的理论，幸运的是，相信这种理论的人并不多。对奇点的痴迷也是对人工智能的迷思。有些人认为超级人工智能的来临已经是铁板钉钉的事。但更多的学者专家则认为，目前还没有迹象表明近期会有超级人工智能出现。就目前来看，人工智能可以解决的问题还是很有限的。

诚然，未来学家们在想象的空间里可以任意驰骋，勾勒人类未来的蓝图。但技术乌托邦已经从乐观走向了悲观。库茨韦尔和赫拉利沉醉在对技术的膜拜之中，而对人类的命运仅仅给予了漫不经心或者轻描淡写的关注，好像人类的未来并不那么重要，只要他们心中的人即算法或者"奇点"的临近即可成为现实。技术乌托邦的推动者们认为技术可以解决一切问题，实际上是对理性的过分依赖。技术乌托邦首先是一种思维方式，

---

[1] Ray Kurzweil, *The Singularity Is Near: When Humans Transcend Biology*, Viking, 2005.

[2] Yuval Noah Harari, *Homo Deus: A Brief History of Tomorrow*, Harper Collins Publishers, 2017.

这种思维方式代表的是进步史观,而这种进步主要是科技的进步。进步史观在人类发展史上发挥过至关重要的作用,但也受到过尖锐的批判。在 18 世纪至 19 世纪,人们觉得世界是进步的,今天比昨天好,明天会更好。然而,无数历史事实均证明进步并不是绝对的。从几千年来的历史来看,人性可能没有发生很大变化。赞成技术乌托邦的人想要找出一种科技模式,并用这个模式统御制度设计,使人类社会更加完美,使人们的生活过得更好。一旦能够通过计算的方式把这些制度做出来,这就是最理想的社会。可是大家都知道这是非常天真的见解,因为人不仅仅是计算型的/理性的,而且还是随情感和情绪变化的、非理性的。历史证明,人类社会的发展,一如个人的成长,起关键作用的往往不是理性的设计,而是非理性的激情和偶然性。植根于逻辑推理的技术乌托邦并不是一条出路。

换个角度看问题,我们应该重新思考如何能够重拾信心,重新发现立足点。这个立足点不仅仅是对人工智能的认识,而且是对人的认识,对人类社会的认识,对现存的各种各样制度的认识。再一种可能的情况就是如何能够使人的心性、智性、灵性全面发展,从而避免单向度的发展。应该充分认识到,如果自然人会被机器人所代替,那恰恰就是因为人的智性被发展到了极端,而湮没了人的心性和灵性。

三、机器人可有心性与灵性?

机器人会不会有一天彻底占领地球?机器人会不会全方位超过人类?截至目前我们看到的对这个问题的回答,大体是从理性、科技及利益的角度给出的。算法的特性,诸如输入输出、明确性、有限性和有效性可能已经为算法预设了局限性。也就是说,算法是可以被人控制的。但是,机器学习的算法却有可能超出人的掌握而自主发展。一旦算法自主发展，机器人超过人类就不是天方夜谭。但是，如果从人的秉性出发来看问题，机器人是无法全方位超越人类的。所谓人的秉性是指人摄取精神价值资源的天赋。传统上，它被理解为包括理性和非理性两部分，非理性还可以被进一步分为感情和信仰。合而观之，人的秉性包括了理性、感情和信仰三个层面（或三个维度）。这三个层面笔者称为智性、心性与灵性。人不仅具有智性，还有心性和灵性。一般有经验的人做决定虽然主要靠理性，但心性和灵性的影响也不可忽视，有时可能更为重要。人工智能如要超越人类，它必须具有心性和灵性，只有智性是远远不够的。

人的心性是感情、情绪、感觉的发源地，属于完全不同于智性的领域。截至目前，尚无报道声称已经发现某个机器人为情所累。即便是克隆人，也可能只是一种结构性的存在，即可以作为躯体存在，但却无法复制一个人的历史、生活的内容及其兴趣爱好。而机器人就更不可能做到这些了。

智性的存在表现在合理性、可计算性、规则性、功利性和经验上。合理性就是因果关系、比例、得失规划等。合理性的行为是排除非理性因素干扰的行为。规则性是智性的另一体现，对于一种活动或者设想，只有把它规则化以后才好把握，才好便于认识和重复。功利性是智性的另一体现，一件事可为或不可为，有利或无利，需要智性予以判断，智性禁止得不偿失的行为。经验是智性的另一个角度，对某一事物的认识和处理，在无法直接推理的时候，只能借助经验。经验证明是可行的则可行，经验证明是不可行的则避免之，这四者合而为一便是智性。人工智能的概念涵盖了逻辑推理、可计算性、规则性、功利性和经验，无疑是人类智性的体现。

灵性是一个难以捉摸的维度，非常难把握。但是，我们每一个人都具有灵性，只是程度不同而已。很多人出家、信教，很快就能修成正果，但不是所有的人都可以，有些人一辈子都无法修成正果。灵性又可包括恐惧感（或畏惧）、崇拜、生命倾向、神秘性、神圣性等方面。

人类的心性、智性和灵性是相辅相成且互相制衡的。正如在现代政治制度的安排方面宗教要受到理性的限制，人工智能的发展也应该受到人的心性和灵性的制约。如其不然，好莱坞的科幻大片里智能人占领世界的预言就可能会成为现实。

现在人工智能还处于弱人工智能阶段，机器人还不能自己思考。强人工智能的出现，根据300多个人工智能科学家的推测，至少也要45年以后。但研究人工智能可否拥有感情的问题，即人工情能（Artificial Emotional Intelligence）的研究，已经成为一个热点。但是，从目前的研究来看，机器人是否会具有心性和灵性依然是一个可想但不可及的问题。

四、法律的作用

18世纪意大利思想家维克（Vico）指出，历史上曾经存在过神的时代、英雄的时代和人的时代。与此相适应产生了三种不同的法律。神学指导下的法律、英雄的法律和自然人性法。[1]今天，我们进入了机器的时代。机器时代召唤与之相适应的法律和与之相匹配的法律认识论和法律方法论。机器时代的法律或可被称为人-物关系法、科学自然法抑或文理混合法。不管怎么称呼，这种法律所要调整的主要对象都是人和自己制造的工

---

[1] Willem J. Witteveen, "Reading Vico for the School of Law", 83 Chi.-Kent. L. Rev. 1197 (2008), available at http://scholarship.kentlaw.iit.edu/cklawreview/vol83/iss3/6. T. Bergin and M. Fisch (tr.), *The New Science of Giambattista Vico* (Cornell Univ. Press, 1968).

具的关系,包括有生命的或无生命的工具,或类人的工具,而这种关系并不是一种财产关系。如同前三类法律的发展变化一样,机器时代的法律也是建立在已有法律基础上的,并不是一种完全没有传统支持的新型法律。

然而,传统法律的局限也是显而易见的。法律的主要内容是契约、财产和权利义务。就契约而论,在以太坊区块链平台上广泛应用的智慧契约本身就是运算代码的一种反应。传统契约法对它一筹莫展。就财产而论,拟真财产性质的确定是相当困难的事情。到底是拟真资源还是拟真财产尚存在争议。更何况,该用何种法律调整拟真资源或财产也是没有定论的问题。契约法、劳动法、知识产权法以及物权法都可能适用。就权利的主体而言,当今时代,动物有权利、山川草木皆有权利,连机器人都可能有权利。这完全颠覆了传统的权利学说。需要一种新的权利学说来解释并证成这些权利的合法性。更为重要的是,网络技术、人工智能技术等科学技术本身具有自己的规律,人为的法律可能鞭长莫及,无法发挥有效的作用。这个领域中有效的调整工具可能更多的是人们所熟悉的代码(Code),而非法律。简言之,机器时代给现有的法律及其制度提出了难题,需要人们从新的角度认真对待。传统的源自19世纪的法律思想和法典意识是无法应对21世纪的新型的动态法律关系的。

另外,法律如何反映机器时代新的道德和伦理则是更大的课题。人的伦理、职业伦理、生物研究的伦理、机器人的伦理、人工智能的伦理等都与法律密切相关。这些都可能是机器时代立法和司法必须要遵循的指导原则。今天的法律人所面临的学习任务是非常艰巨的。

有些人认为,现有的法律已经足以应对人工智能引起的和可能引起的新的法律关系,或者调控由人工智能引发的法律后果，并不需要新的专门的法律调控。持这种观点的人主要把人工智能看作是一种产品，并且认为现有的产品责任法就足以应对人工智能引发的法律问题。具体而言，如果一个机器人侵犯了别人的利益，或者导致了别人的经济损失，机器人的制造者、所有者或者编程者便都应该承担法律责任。然而，机器人并不是单纯的一般意义上的产品。现有产品责任法中关于产品的概念，并没有预设针对智能活动产品的内容。

无论如何，如果要规管人工智能和算法的研发，就必须要赋予人工智能一定的法律地位。虽然有些国家的法律已经试图赋予机器人一定的法律主体资格，比如韩国的机器人法案提倡机器人应具有相应权利义务的电子人格，爱沙尼亚的人工智能立法把机器人看作是人的代理，介于独立人格和财产之间，但很多研究者都不愿意把人工智能看作是具有主体性的存在，而仅仅把它看作是一种工具或者产品，不具有主体资格。

制定法律等于建立一种社会制度。制度建立的资源和途径大致有三：一是把行之有效、持之以恒的实践制度化。比如，市场的出现，开始并没有固定的市场的概念，但人们习惯于在一定的时间和一定的地点交易，久而久之就产生了市场和调节市场的规范系统和制度。二是把精确可行的概念和理论制度化。人类社会有些制度的诞生和发展建基于伟大思想家的理论和学说。这方面的例子不胜枚举。三是向别人借鉴学习。比如，法律移植。有史以来，人们对法律、习俗、道德等规范系统的相互借鉴从未停止过。

就实践而言，人工智能研究和运用突飞猛进的历史并不长。实践中尚未积累起足够的经验，也未发展出可以类型化的、比较成熟的牵涉人工智能的法律关系。因此，无法进行制度化。也就是说，目前不可能制定出有关人工智能的完善的法律。从理论与学说的角度来看,无论是描述性的还是预测性的,目前的理论界均尚未就什么是人工智能的问题达成一致的认识,而且也缺乏主要的概念范畴。因此,把理论或者学说制度化的前景也并不十分乐观。从借鉴移植的角度来看,截至目前,世界上也还没有一部被命名为"人工智能法"的法律问世。但是,调整人工智能某些方面或某种形式的法律却早已存在。比如,有关网络平台管理、机器人以及网上交易等方面的法律,诸如欧洲议会"关于制定机器人民事法律规则的决议",韩国的"智能机器人法",美国众参两院的"自动驾驶法案",等等。

毫无疑问,制定单项的或专门的法规调控人工智能的某一具体方面或形式是既有实践,但这并不排除制定一部综合性的、概括性的"人工智能法"的可能性。当人们不能完全掌握所需信息的情况下,可以先制定一部原则性的、简短的法律,随着实践的深入再制定详细的实施细则。法律是在不断发展变化中实现其生命价值的。比如,对于工伤的赔偿,最初大部分国家都采取严格侵权责任制。当一个工人受伤,雇主有过错就要给予赔偿,雇主无过错就不用赔偿。这种侵权的赔偿制不能够涵盖工伤的各种情况,各国不停改革,终于找出新的解决办法——社会保险制度。通过社会保险制度来弥补侵权补偿的不足,使工伤赔偿更加人性化。后来又发展到不管雇主有无过错,只要有工伤便都要赔偿。这就要拿出一笔基金来处理工伤。在特别发达的地区,只要是与工人有关,哪怕是在路上出了车祸,也要赔偿。人工智能法对机器人行为的规管也会经历一个逐渐完善的过程。

如果要制定一部概括性的人工智能法,这部法律至少应该明确立法的目的、指导原则以及鼓励和限制的范围和内容。在精神上至少应该反映出人类对自己的创造物的掌握能力和对科学技术规律的充分尊重。这部法律同时应该设立一个监管人工智能研发的专门机构，并赋予其相应的权力，诸如质量认证的权力，进一步制定实施细则和计划的权力，起诉违法的权力以及行政处罚的权力，并且针对这些权力大致规定实施的程序和大体要求。这个机构一定要吸收有关专家作为成员。纽约市议会新近通过的《算法问责法案》就有专项规定，要求成立一个由自动化决策系统专家和相应的公民组织代表组成的工作组，专门监督自动决策算法的公平和透明。[1]

结 语

世界正在发生翻天覆地的变化。我们正处在大转变的开端。这次的变化在人类历史上从未有过类似的先例。有些人喜欢用"第×次工业革命"来形容这次转变，但不够传神，因为这次转变要比工业革命意义深远得多。这次变化的后果现在尚难以预料。但很多科学家、学者和商业人士都纷纷表示出了为人类的未来担忧。而未来学家、技术乌托邦主义者则非常向往这一时代的"君临"。

人类历史上曾经有过划时代的巨变。然而，这些历史巨变比起正在发生的和将要发生的巨变，真是小巫见大巫。因为以往的巨变无论如何都是以人为中心发生的变化，人类并没有对自己的未来失去控制，而今天孕育着的变化却指向反人类、非人类乃至灭绝人类的后果。这就是所谓的后人类时代的降临。

这种后人类时代的来临虽然是21世纪初的事，但其种子早就孕育在20世纪的社会制度和文化思潮中了。一言以蔽之，人

---

[1] "The First Bill to Examine 'Algorithmic Bias' in Government Agencies has Just Passed in New York City", available at http://www.businessinsider.com/algorithmic-bias-accountability-bill-passes-in-new-york-city-2017-12.

对自己的状况始终不甚满意，一直在追求更高品质的生活，试图改变现有的状态，无论是经济状态、生活状态、政治状态还是个人状态。也就是在这种不断追求完美和完善的过程中，人类迎来了后人类时代。近现代以来不断改进的宽容与反思的文化环境，给了人们不断认识、解放自己的机会，使个人的追求摆脱了传统的束缚，自由放任、无拘无束地从事自己的研究。从宗教宽容到政治宽容再到文化宽容，现代社会鼓励人们追求快乐幸福、自我实现。这使人们追求完美的事业从形象到职业，从生活方式到科学研究，均成了正当而有意义的工作。使自己变得更美、更健康的人类增强工程方兴未艾，化妆保养整容，采用激光除痣或美肤，机器强身已经成为普遍现象。这预示着如果有一天，体内植入芯片或者其他异物能够使人变得更聪明、更强健或更美丽，人们是不会拒绝的。如此一来，人就会把自己从自然人变为后人类了。与此相联系，人对自己本身的认识也有了很大发展，因此才有了各种性倾向的展露和模糊。另外，启蒙、现代化、科学的发展导致了现代单向度社会环境的存在，而单向度的环境则孕育了单向度的人。一言以蔽之，这些人基本上是理性-科学-经济-法律人。在这样的框架里面，人的理性越来越发达，而心性和灵性则受到了毁灭性的打击。如果不做有意识的努力以遏制人的智性的无限制发展，算法社会将进一步打击并有可能毁灭人的心性和灵性。那也就将意味着人的末日的来临。

（於兴中："算法社会与人的秉性"，原载《中国法律评论》2018年第2期。）

论算法规制的价值目标与机制设计

苏 宇

摘要：算法规制需要确定以安全和自由价值为主的价值目标，形成内在融贯的价值目标体系。基于这些价值目标，世界范围内的算法规制理论与实践已经确认了一系列相关法律关系，应用了多种制度工具。在此基础上，算法规制应借鉴机制设计理论，结合算法制衡的助力，促成理想的博弈均衡结果，形成符合规制价值目标的基本制度安排。

关键词：算法；规制；机制设计；数据权利

人类正在逐渐进入"算法统治的时代"。[1]时至今日，大数据、云计算、区块链、人工智能等信息科技的浪潮正在席卷全球，信息权利正在成为日益重要的权利形态。与此同时，智能家居、智慧物流、图像处理、智能网联汽车、医疗影像识别、人脸识别与轨迹追踪等基于算法的产品或服务迅速发展，使得算法也随之进入了法律的视野。算法的运用为社会经济的发展带来了强劲的动力，也为社会生活带来了巨大的便利，但与算法相伴的风险也如影随形，导致算法规制成为学界与实务界日益关注的主题。

---

[1] 郑戈："算法的法律与法律的算法"，载《中国法律评论》2018年第2期。

所谓"算法规制"（algorithm regulation），本质上是对算法应用的规制，它不同于"通过算法运行的规制"，是指基于国家安全、社会经济秩序维护或个人权益保障的需要，深入到某些软件或程序所应用的算法层面，对算法进行引导、规范或监管。

算法规制已经在隐私权保障、知识产权保护及反歧视领域逐渐开展，对于规制算法的理论基础或如何规制算法的讨论也时常可见，如爱德华兹（Lilian Edwards）与维勒（Michael Veale）有关算法解释权的讨论、[1]班鲍尔（Jane Bambauer）与扎斯基（Tal Zarsky）有关规范算法自动决策的讨论、[2]雅内拉（Philip N. Yannella）关于欧美对用户画像算法的不同规制路径之探讨[3]等研究都明确论及上述算法规制问题。质言之，算法规制在学界与实务界正日益成为一个重要的新兴主题。

随着算法不断承担更加重要、更加关键的社会经济角色，算法规制的一系列根本问题也浮出水面：算法规制应当指向何种价值目标？规制的整体制度框架呈现何种状态？目前有哪些规制工具可用？算法规制的机制设计较之一般的风险规制有何特点？这些都是算法规制的议题下最根本、最关键的问题。

一、算法规制的价值目标

市场主体的活动会产生社会和经济上的负外部性，规制的本质就是对负外部性的消除。"负外部性"是一个价值相关概

---

[1] L. Edwards and M. Veale, "Slave to the Algorithm: Why a Right to an Explanation Is Probably Not the Remedy You Are Looking for", *Duke Law & Technology Review*, 2017~2018, 16 (1), pp. 18~84.

[2] J. Bambauer and T. Zarsky, "The Algorithm Game", *Notre Dame Law Review*, 2018, 94 (1), pp. 2~47.

[3] P. Yannella, "The Differing US and EU Regulatory Responses to Rise in Algorithmic Profiling", *Communications Lawyer*, 2018, 33 (1), pp. 1~21.

念,易言之,任何规制活动都必然是在一定法律价值目标的指引之下进行的。自法理上观之,法的"目的价值"主要包括公平、正义、安全、自由、效率等,它们具有多元性,并且与人的需求和社会关系的多样性紧密相连。[1]由于算法应用的情境众多,涉及的法律价值目标也较为广泛,算法规制所面对的负外部性包含了相当丰富的内容。例如,在算法未受任何外部规制的前提下,自动驾驶汽车可能面临重大安全风险;区块链及其衍生应用可能冲击主权国家的金融安全、引发赌博或逃税等其他违反法律秩序的行为;[2]将匿名化数据重新整合进行分析可能识别出个人信息而侵犯公民隐私,[3]用户画像和杀熟方案可能影响交易公平、侵犯消费者的知情权;[4]等等。这些都引致了规制的需求。但是,对算法的规制又不能过于僵化或严厉,在消除其负外部性的同时摧毁算法本身发挥作用的基础。例如,假设对区块链强制使用同一种共识机制,将很可能使得区块链的众多类型及中小型区块链不复存在;假设强制用户画像和智能推荐的代码完全开源,则有可能对创新形成负面激励、导致企业撤离或者核心技术流失。因此,算法规制的价值目标具有复杂的内容和结构,也具有精微的尺度及边界,需要通过一定的方法进行梳理与整合,形成一个具有一定解释和证立能力的价值目标体系。

(一)价值目标的确定

算法规制价值目标的确定,取决于规制者对算法的负外部

---

[1] 张文显主编:《法理学》(第5版),高等教育出版社2018年版,第313~314页。

[2] 苏宇:"区块链治理之现状与思考:探索多维价值的复杂平衡",载《中国法律评论》2018年第6期。

[3] 程啸:"论大数据时代的个人数据权利",载《中国社会科学》2018年第3期。

[4] 陶盈:"机器学习的法律审视",载《法学杂志》2018年第9期。

性之认识及价值权衡之判断。经济学上所谓"负外部性",在法学的视野中体现为对各种法益的侵害。算法运用所可能产生负面影响的法益,既包括个人的人身权、财产权、政治自由和人格尊严,也包括难以通过还原主义方式分解的国家安全、社会管理秩序及公序良俗,等等。这些都属于算法规制需要考虑的价值目标。与此同时,算法的运用也会惠及一定范围内的法益。在特定的技术条件下,每一种负外部性的出现往往都会伴随着正面的应用价值,而且算法所促进的法益与所损害的法益可能在类型上即互不相同。此时算法规制的具体价值目标可以通过三种方法来确定:一是通过价值位阶或价值秩序的方法,使某一种价值占据优势位置,如未能为此种价值提供充分保障,则不允许通过损害此种价值而实现其他价值;二是通过价值转换与价值平衡的方法,使不同的价值可以相互比较,选择使整体价值最大化的制度安排;三是通过多目标规划等手段,先设置一定的优化标准(例如帕累托最优),再寻求在各方主体的价值判断体系之间能达成的最优机制设计。

这三种方法都有一定的适用条件和范围,也各有优劣,具体的抉择应由立法机关进行决断,再由行政机关与司法机关在立法决断的范围内、通过法定的程序进行解释。在立法意图不尽明确时,无论依大陆法系还是依英美法系的学理,行政机关均有一定的判断、裁量或解释法律的余地。无论行政机关采取何种理解,行政机关根据此种余地作出的价值目标设定或解释均应接受司法审查,在价值目标问题上使行政行为满足目的正当性原则的要求。

(二)价值目标体系的形成

算法规制不仅需要确定价值目标,而且需要形成内在一致的、融贯的价值目标体系。算法的各种应用在社会经济系统中具有一定程度上的关联性，分散而独立地确定某一算法规制的价值目标，有可能形成规制目标之间的混乱与冲突，进而对信息科技与信息经济的整体生态造成不利影响。例如，人工智能中许多监督学习（supervised learning）的项目与大数据的利用有密切的关系，如果过于高估数据权利的价值，在数据采集与利用方面采取了较为严厉的限制，便很有可能波及人工智能的发展。程序模块的发展与突破高度依赖于 Github 一类的开源协作社区，如果由于某些程序模块的风险而否定开源协作社区的正面价值，无疑是因噎废食。因此，价值目标及实现目标的规制工具之间的协调和整合殊为必要。

由于不同应用情境下算法运用所涉及的法益丰富多样，而且算法的运用还在飞速变化发展，尝试明确界定并刻画这一价值目标体系尚不可行。不过，算法规制并不需要从零开始建构价值目标体系，它的价值目标体系可以在数十年来不断完善的风险规制基础上形成，需要加以强调和变革的仅仅是算法规制有别于一般风险规制的特征。易言之，行政法中的风险规制理论与实践已经为确认受保护的法益目标、评估风险（负外部性影响的程度以及实现的概率）、选择规制工具及平衡成本收益等储备了系列方案，算法规制的价值目标设定与制度建构完全可以借鉴这些方案进行。算法应用风险的主要特殊之处有三：一是范围宽广、形态繁多，风险的危害后果、隐蔽性、传播速度和控制难度等依应用情境和技术路线的不同而千差万别。二是评估难，大型软件工程或程序项目的测试与评估较之一般的风险评估（如毒理学分析、FEMA 分析等）更难，无人驾驶等复杂程序的风险评估更需要长期积累经验和实验数据。三是影响深远，算法层面的风险往往伴随着算法运用的巨大收益，也有可能影响到一种算法的未来发展，一些过去未充分显现价值的算法在日后可能有巨大的发展潜力（例如人工智能发展史上的类神经网络方法）。不仅如此，某些算法的风险一旦出现，将可能在全世界范围内造成巨大的负面影响。例如SHA-2乃至SHA-3加密算法若被破解，全球区块链生态将受到根本性的冲击。这使得算法规制的价值目标体系与一般风险规制应当有所不同。

首先，算法风险范围宽广、形态繁多，这要求算法规制的价值目标体系能够包容众多的法益。其次，算法风险评估难，而且对算法的评估和规制影响深远，就不应轻易对某一种算法的价值或作用下结论，而是在能够清晰评价部分具体程序设计的基础上，采取更加谨慎和更富弹性的价值目标结构。再者，只有极少数算法可能引起无可挽回的巨大风险或者产生严重的伦理问题，信息社会中大多数算法所引起的风险并不会产生不可逆转的重大危害。相反，算法自身的发展却非常迅速，算法应用给社会带来的增益亦不可估量，这要求算法规制在保证控制重大风险底线的基础上，更多地给算法及其应用以自由发展之空间。

由此，从整体上观之，算法规制的首要价值目标应当是安全，此处的"安全"本身是一种包含多种重要实质性价值目标的价值形式，算法安全就是要避免算法应用在国家安全、司法公正、个人的生命权、身体权、人格尊严等重要法律价值上出现无可挽回的巨大法益损失，或者冲击人类文明的伦理底线。在保证安全价值的基础上，不同的价值目标之间应当更加侧重于自由，此种自由既包括公民的言论和表达自由，[1]也包括企业和个人依法进行科学研究和经济活动的自由。由于信息科技（尤其是人工智能）在国家战略、社会经济发展和人类自身发展

---

[1] S. Benjamin, "Algorithmsand Speech", *University of Pennsylvania Law Review*, 2013, 161 (4), pp. 1447~1493.

问题上的特殊重要性，算法应用的相关经济活动也应获得自由价值之支持，如涉及权利或法益之冲突，可以采取诸如阿列克西之重力公式（die Gewichts formel）[1]或规制的成本收益分析（cost-benefit analysis）[2]一类的权衡机制加以解决。其余价值目标（如效率、公平、秩序）及法益（如原创性、商业秘密、劳动权）等，应当在法律明文规定的范围内严格依法进行保护，避免法律价值在单纯的法律原则层次过度延伸和解释，进而影响到具有战略意义的信息科学技术及其应用的研究与发展。算法的发展日新月异，算法之规制影响深远，必须通观全局，以安全和自由的价值统摄算法规制的价值目标，以发展的眼光推进规制的进程，避免算法规制的制度框架建构与机制设计吹毛数睫、刻舟求剑，甚至产生寒蝉效应（chilling effects），阻碍算法创新和科技进步。[3]

二、算法规制的制度框架

世界范围内的算法规制实践已经形成了一系列制度工具，它们与新兴人格权益、数据权利的确立与保障共同构成了算法规制的制度框架。这些新兴权益与制度工具近年来已被国内外广泛引入法律实践。美国、日本、韩国、德国、新加坡、爱沙尼亚等国家先后就算法规制与治理形成了相关立法实践，[4]欧

---

[1] R. Alexy, "Die Gewichts formel", In Joachim Jickli, Peter Kreutz und Dieter Reuter（Hrsg.）, *Gedächtnisschrift für Jürgen Sonnenschein*, Berlin: DeGuyter, 2003, p. 789.

[2] J. Masurt and E. Posner, "Cost-Benefit Analysis and the Judicial Role", *The University of Chicago Law Review*, 2018, 85（4）, pp. 936~986.

[3] K. Chagal Feferkorn, "The Reasonable Algorithm", *University of Illinois Journal of Law*, Technology & Policy, 2018, pp. 111~146.

[4] 汝绪华："算法政治：风险、发生逻辑与治理"，载《厦门大学学报（哲学社会科学版）》2018年第6期。

盟颁布《通用数据保护条例》(General Data Protection Regulation, GDPR)更是包含了大量典型的相关规定。不过,算法规制的制度框架还远未成熟,其法律关系架构与各种制度工具仍然处于探索发展的状态。

(一) 算法规制的法律关系基础

法律关系的内涵非常丰富,以拉伦茨的广义权利义务框架为例,法律关系包括狭义上的权利(Recht)、权能(Befugnisse)、权限(Zuständigkeit)、取得期待(Erwerbsaussichten)、狭义上的法律义务(Rechtspflicht)、法律上的拘束(rechtliche Gebundenheit)、职责(Obliegenheiten)、负担(Lasten)等,展开为一个具有复杂层次的体系。[1]法律关系的核心是权利义务关系,而权利更是法律关系中最引人瞩目的部分,是构筑法律关系的出发点。除权利以外,各国公法中一般都通过某种形式认可一定范围内的法律上之利益。它们在公法请求权与救济可能性上不如权利,但对于个体而言亦具备类似于权利的意义,故常合称"权益"。算法规制的部分制度工具,可以被看作是为保障各种合法权益而规定的若干义务或责任。例如,算法解释即主要是基于用户知情权而对算法设计者施加的一项法律义务。因此,算法规制的制度框架需要先确认各种各样的算法相关权益,尤其是确立与算法有关的新兴人格权益与数据权利。

1. 新兴人格权益

新兴人格权益主要包括当代的信息隐私权以及人工智能应用的法律人格。传统上肇始于沃伦和布兰代斯的隐私权概念,最初只包含防止侵扰的安宁隐私权和防止个人信息泄露的信息隐私权,后者经过岁月变迁已日显复杂,而信息时代这一权利

---

[1] 申卫星:"对民事法律关系内容构成的反思",载《比较法研究》2004年第1期。

的范围更是不断扩展。在信息整合技术和身份识别技术不断发展的条件下，如前所述，传统上不涉及隐私的信息有可能被分析出符合身份识别标准的个人信息，因此隐私权的保护范围也随之扩展。[1]与此同时，人工智能应用的法律地位问题也日益引人关注。最初，人工智能应用的法律地位依附于开发者的法律地位，随着人工智能的发展，不仅有学者明确主张人工智能应用（包括基于人工智能的机器人或其他终端）的法律人格，也有部分国家开始尝试加以承认。[2]由此，算法规制正在超越传统上由人类权利义务关系形成的法律关系框架，而将法律关系延伸到算法本身，这将是一场根本性的变革。

2. 数据权利

自既有国内外法律实践观之，目前已经获得一定程度承认的数据权利包括个人的数据携带权、数据访问权、数据更正权、数据擦除权（被遗忘权）、数据采集与处理的同意权、拒绝权、用户知情权、限制处理权等等。数据权利中既包括基于个人信息和隐私的人格权利，也逐渐形成了"个人数据即财产"的财产权利观念及其法理内涵。[3]基于数据权利观念，欧美国家在个人、数据处理企业、数据应用方与政府之间逐渐形成了一个日益精巧的控制权配置结构，致力于平衡数据安全、科技应用、信息经济发展和个人信息保护的需要。易言之，这些权益包含了立法者的价值决断和价值目标设定，构成了算法规制的法律关系边界，也为算法规制提供了部分法律手段。

这些新兴权益在我国法律中亦有若干零散的体现，在立法

---

[1] 岳林："个人信息的身份识别标准"，载《上海大学学报（哲学社会科学版）》2017年第6期。

[2] 郑戈："算法的法律与法律的算法"，载《中国法律评论》2018年第2期。

[3] 程啸："论大数据时代的个人数据权利"，载《中国社会科学》2018年第3期。

实践中，个人信息的法律地位已为 2017 年制定的《民法总则》所明确承认。在司法实践中，不少新兴权益亦获得了法院的认可，例如，法院在"王艳春与王茹香、李春香等隐私权纠纷案"（北京市门头沟区［2017］京 0109 民初 4611 号人民法院民事判决书）中承认的个人信息权，在"孙旭东与平安银行股份有限公司深圳市鑫富源投资咨询有限公司隐私权纠纷案"（深圳市福田区人民法院［2016］粤 0304 民初 24741 号民事判决书）中承认的隐私维护权，在"北京百度网讯科技有限公司与上海汉涛信息咨询有限公司其他不正当竞争纠纷案"（上海知识产权法院［2016］沪 73 民终 242 号民事判决书）中承认的信息价值等。但这些新兴权益的具体内涵及外延还远未有明确定论，仍亟待深入认识。

（二）算法规制的制度工具

尽管算法规制依然是一个新兴的主题，但相关的制度工具发展却相当迅速，在世界范围内已经初步形成了一套全方位的监管框架。自既有法律实践及理论热点观之，算法规制的主要制度工具包括如下数种：

1. 软件登记与材料留存

这是一种基本的规制手段，主要是解决算法责任的可追溯性问题以及提供最基本的风险预判，是实施其他监管措施和追究算法责任的前提条件。例如，我国工信部制定的《移动智能终端应用软件预置和分发管理暂行规定》要求互联网信息服务提供者或其他平台经营者登记应用软件的提供者、运营者及其他信息，留存应用软件及其版本、上线时间、用途、MD5 校验值等信息以备追溯。在这一方向上，未来有可能发展出诸如算法登记或算法备案一类更精致的制度工具，但仅限于具备特殊重要风险的应用情境。

2. 算法解释

当一种算法可能包含较大风险时，法律可以通过设定算法解释义务或赋予用户以算法解释权的方式展示算法的运行机理与基本逻辑结构。尤其对于算法自动决策的一些重要应用情境，算法缺乏透明度、决策过程不公开以及决策理由不足等问题，已经形成了需要进行解释的"算法黑箱"。[1]例如，在数据处理领域，因为机器学习和自动决策而认为自己即将或已经面临侵害的个人，可以要求知晓个人数据自动处理的逻辑，也可以向算法自动做出的决定提出异议，并要求更正错误的决定。[2]这就是算法解释的一种制度安排。自更宽泛的含义上看，算法解释还应包括应用说明或数据使用政策（datausepolicies）等用户操作指引，违反这方面的要求可能引致沉重的法律责任。例如，2018年，谷歌因未为用户提供清晰易懂的数据使用政策，违反了《通用数据保护条例》的规定，被法国数据保护监管机构处以5000万欧元罚款。[3]不过，算法解释在实践中有时并不容易，经常面临所谓的"不可解释隐忧"，[4]尤其是对于参数、变量动辄以十万计的大型程序，算法解释之于开发者的负担过于沉重，当前开发者在规定期限或合理时间内未必能够做出准确的解释；即使做出了解释，由于知识和技术的鸿沟，算法解释也很可能收效甚微。

---

[1] 张凌寒："风险防范下算法的监管路径研究"，载《交大法学》2018年第4期。

[2] 汝绪华："算法政治：风险、发生逻辑与治理"，载《厦门大学学报（哲学社会科学版）》2018年第6期。

[3] "未履行《通用数据保护条例》谷歌遭法国重罚"，载http://sh.people.com.cn/n2/2019/0123/c138654-32565082.html。

[4] 贾开："人工智能与算法治理研究"，载《中国行政管理》2019年第1期。

3. 权益保障设计及安全措施

对于某些算法应用情境，法律规定算法设计者必须提供针对某些合法权益的权益保障设计，或者其他安全措施。这些设计主要是抽象的功能性要求，个别情况下也会有具体的算法限制。例如，欧盟颁布的《通用数据保护条例》第 25 条就既规定了一般的权益保障原则（数据保护原则和个别数据处理的特定目的原则），又规定了匿名化、数据最小化、默认不可访问个人数据等具体的数据处理限制规则。美国加利福尼亚州于 2018 年为保护商业数据中的个人信息而制定的《消费者隐私法案》（The California Consumer Privacy Act of 2018）1798.125 节也有较为完整的反歧视义务规定，保障消费者的平等权。又如，我国公安部颁布的《互联网安全保护技术措施规定》第 7 条及第 8 条要求互联网服务提供者、联网使用单位及提供互联网接入服务的单位落实一系列安全保护技术措施，包括防范入侵措施、冗灾备份措施等。此种规定较为灵活，在未来的算法规制中有可能成为必不可少的关键法律手段。但是，权益保障机制是否具备、是否达到法律的标准，行政与司法上有时存在较大的判断余地，需要相当程度的法律方法支持。

4. 算法标准

随着某一领域软件工程的日益成熟，一定程度上的算法标准有可能成型。目前，国内外已经形成了一系列具体的算法标准，或者由政府制定，或者由社会组织制定。例如，在区块链领域，中国区块链产业和技术发展论坛制定了《区块链数据格式规范》等标准。但是，对于算法规制而言，更值得注意的是包含一定法理内涵的抽象性价值标准。例如，夏格尔-费弗科恩（Karni Chagal-Fefer korn）主张模仿法律中常见的理性人标准或专业理性人标准，主要基于侵权法的法理，为算法决策者（算法自动决策的应用）建立"合理化算法"标准（a "reasonable algorithm" standard）。[1] 更引人注目的一个标准是公平性标准,在反对算法歧视方面,随着"公平机器学习"（fairmachine learning）的呼声日益高涨,算法上的公平标准已经越来越深入,要求生成公平合成数据（fairsynthetic data）、设计公平分类器（fair classifier）直至进行公平数据披露（fairdata disclosure）等标准化数据处理过程的论述也随之涌现。[2] 也可以用程序正则性（proceduralregularity）标准进行统合,以实现法律上正当程序之保护,避免各方主体在智能自动化决策面前被区别对待。[3] 易言之,在算法公平这一总体性标准下还可以形成一系列子标准。在可预见的将来,抽象性的算法标准可能会成为算法规制的重要手段。

5. 技术接口与监管便利条件

经营者和网络平台需要为某些行政机关提供技术接口,例如我国《反恐怖主义法》第 18 条、《公共互联网网络安全威胁监测与处置办法》（工信部网安 [2017] 202 号）第 6 条第 2 款等。此外还有要求相对人提供技术支持或监管便利条件的一些法律规范,例如《区块链信息服务管理规定》（2019 年国家互联网信息办公室令第 3 号）第 18 条第 1 款等。从严格的意义上看,这些技术接口或技术支持并不是针对某一种算法,而是针对某一类经营者或网络平台,但这一制度工具完全可以被用于算法规制之中,例如可编辑区块链（editable blockchain）技术

---

[1] J. Kroll et al., "Accountable Algorithms", *University of Pennsylvania Law Review*, 2017, 165（3）, pp. 633~705.

[2] K. Chagal Feferkorn, "The Reasonable Algorithm", *University of Illinois Journal of Law, Technology & Policy*, 2018: 111.

[3] J. Kroll et al., "Accountable Algorithms", *University of Pennsylvania Law Review*, 2017, 165（3）: 656.

就利用变色龙哈希函数（chameleonhash function）创造出了一个可以编辑特定区块的"陷门"。配合留存修改记录等技术措施，这一"陷门"可以使可编辑区块链技术适应某些有特殊监管需要的应用情境。

6. 算法责任

算法的不正当应用如果引起法律规定的危害后果，则程序的设计者或运营商须负一定法律责任。国务院于2017年发布的《新一代人工智能发展规划》（国发〔2017〕35号）要求："建立健全公开透明的人工智能监管体系，实行设计问责和应用监督并重的双层监管结构，实现对人工智能算法设计、产品开发和成果应用等的全流程监管。"此处就明确表示了"设计问责"的监管结构要求。算法责任的本质是算法设计责任。算法应用引起法益侵害后果的原因，既可能来自于算法自身的不稳定、不可靠，也可能来自于算法调用数据与信息的准确性，还可能来自于对算法漏洞的恶意利用，但归根到底在于算法设计本身缺乏足够的安全性、稳定性与可靠性。在未来，启用完全自动驾驶的智能网联汽车有可能成为算法责任的一个实践焦点。

除以上在算法规制中已经得到广泛应用或密切关注的主要制度工具，还有一些初步见于法律实践或理论研究的法律手段，例如，算法审计（audits of algorithms）已经在实践基础上得到了部分学者的积极支持。[1]又如，技术认证或认定已经在一定程度上被广为应用，我国的密码技术检测与认证即是一例。在未来，算法规制的更多制度工具有望被创造及应用，这是一个已经可以窥见的必然趋势。

---

〔1〕 M. Bots Raub, "Bia sand Big Data: Artificial Intelligence, Algorithmic Bias And Disparate Impact Liability In Hiring Practices", *Arkansas Law Review*, 2018, 71 (2), pp. 529~570.

但是，随着算法相关法律关系的丰富和制度工具的不断发展，一个新的问题亦随之出现：面对林林总总的权益保障需求及制度工具，何种机制才能有效地实现算法规制目标？这就使得规制者不能不面对机制设计的挑战。

三、算法规制的机制设计

算法规制面临的机制设计挑战是空前复杂的。尽管算法规制方兴未艾，许多算法（甚至包括编写算法的多种计算机语言）也还处在成长期，算法规制已经显示出较了高的专业性与精确性要求。与此同时，算法规制所负载的风险亦在增长。自国内外法律实践观之，当前的算法规制尚主要在智能推荐、智能招聘、产品与服务定价以及刚刚起步的无人驾驶等方面着力。而在未来，算法规制可能需要全面介入无人驾驶、智能投顾、医事服务、工业制造、犯罪侦查乃至司法裁判等领域。与此同时，计算机语言和算法自身也在不断变化发展，使用 C、C++、C#、Go、Java、JavaScript、Julia、Lua、PHP、Perl、Python、R、Ruby 等语言中的不同组合完成的程序项目日益常见，程序员的专业领域也开始不断细分，算法审计与监管的难度与日俱增。一些领域算法复杂，关涉重要权益，同时潜藏巨大风险，算法决策的得失甚至有可能影响全球而又不可逆转（例如，算法决策结果在大型公有链的主链上广播并被确认）。质言之，信息技术和信息产业的飞速发展使得算法规制面临更深刻的机制设计考验。

面对新的规制对象，同样新兴的机制设计理论为算法规制提供了一个富有意义的参考。机制设计理论（mechanism design theory，或译"制度设计理论"），又可被称为反向博弈论，通过将机制设计目标转化为一定的博弈结果目标，进而逆推博弈过程和约束条件，从而寻找出最有利于实现目标的制度安排。[1]自赫尔维茨（Leonid Hurwicz）、马斯金（Eric Maskin）和迈尔森（Roger Myerson）等学者开创这一理论起，数十年来，机制设计理论已经在国外的立法和政策制定中得到了广泛的应用。算法规制的各种制度工具若致力于精确调控算法运行、最优化目标价值的实现，也应当从机制设计视角出发，形成有效的制度工具组合，在保障安全与自由等优先级目标价值的同时，避免对算法设计与应用企业产生过度的规制负担，窒息信息经济与信息社会的生命力。

自机制设计理论的一般原理观之，算法规制的机制设计应当注意形成以下若干基本安排：

第一，尽可能清晰界定算法风险及收益。如果不明确某一规制旨在保障的权益目标及相关权益可能具体承受的风险后果，规制就失去了最本质的意义。如果不明确规制所影响的利益，则规制可能变为单方面的压制，随意施加过于沉重的负担。更重要的是，唯有明确算法风险与收益，才能明确反向博弈设计的理想均衡状态，以及精准确定这一均衡中各方的策略选择。尽管有时算法风险难以预测和衡量，但仍需要尽可能大致判定受影响的法益、出现某种风险的概率及危害范围。如果有重大风险后果连大致判定概率及危害范围也难以做到，则应谨慎限制此种算法的使用，待算法成熟后再投入应用。因此，要求对存在显著风险的算法进行算法解释和测试是必然的前提，正如规制算法合同（algorithmic contract）的一个重要前提就是使算法之目标清晰化，[2]由此才能对算法的收益与风险做到深思熟虑，

---

〔1〕 苏宇："机制设计理论与中国行政法学的转型"，载《财经法学》2018年第2期。

〔2〕 L. Scholz, "Algorithmic Contracts", *Stanford Technology Law Review*, 2017, 20 (2), pp.128~169.

这是不可或缺的步骤。

第二，为各方主体建立合适的行动策略结构。由于算法风险所影响法益及其归属主体的多样性，规制中也应存在多元化的行动策略结构，也就是多种制度工具的组合。当算法风险影响一种直接归属于私主体的法益时，则为私主体配置一种防御机制或请求权；当算法影响一种归属于社会或国家的法益时，则考虑为具有代表性的团体或组织配置请求权，或为规制者配置一项规制权限。所有请求权与规制权限的配置都应与法益受侵害的可能性及危害程度大致相称。如果侵害风险较高，则应配置事前的防御机制，例如算法注册、算法审计或安全保障设计等；也鼓励市场自行发展针对算法风险的防御性应用，使社会显示出更准确的公共物品供应信息与条件，使各方主体更准确地报告其真实类型，并建立个人用户防御算法风险的补贴机制。

第三，为理想的均衡状态创造条件。机制设计本质上是反向博弈推演过程，从一个理想的均衡解倒推各种行动策略的初始收益空间配置。需要注意的是，各方博弈的均衡状态只是一个稳态，未必是最优状态，在最基本的一些非合作博弈类型中，囚徒博弈和蜈蚣博弈是"双输"的均衡，智猪博弈是搭便车者片面获益的均衡，都不是理想的均衡状态。易言之，理想的均衡状态是符合价值目标的，而自然发生的博弈过程经常不导向这些目标。若要产生符合理想目标（例如帕累托最优）的均衡结果，就要改变各方主体报告信息以及采取其他行动的成本与收益结构。机制设计应当致力于减小各方的沟通与互动成本，增加造假或披露不实信息的负担，改变非合作博弈的收益结构，在有条件的情况下甚至可以尝试变非合作博弈为合作博弈（例如通过建立信用系统或联盟协议的方式），为理想的均衡结果创造条件。具体到算法规制，首先就应当使存在风险的算法按照风险水平设定算法解释水平，保障用户、相对方或相关方的知情权，并且设置算法解释的可验证性标准、检测机制以及相应的法律责任。其次，应当基于科斯定理合理配置初始权利，并通过发放补贴等方式改变预算平衡，观察真实的风险防范需求与算法应用收益，进而发现供给公共物品的最优水平。此外，对于机制设计所难以解决的一些问题，如算法伦理问题（反歧视、保障人格尊严等），则通过建立算法标准、设置权益保障机制和监管接口的方式解决。

在以上基本安排下可以容纳各种各样的具体机制设计。但是，算法规制仍有其更加独特之处。机制设计理论要求对参与博弈的角色、行动策略、收益与损失等有清晰的界定，在部分应用情境下非常适合于算法规制，甚至直接融入算法设计之中。将机制设计融入算法中运行的应用研究，不仅在世界范围内有大量探索，在我国也早已得到开展。[1]算法本身已经定义了各种各样的变量、参数与函数，在一定条件下可以直接转化为机制设计中收益空间或行动策略的参数，甚至可以直接清晰界定一种行动策略。在此种情形下，机制设计可以直接内置于算法架构之中。以基于POW共识机制的大型区块链为例，由于数学上特定区间哈希值的求解比验证困难得多，而碰撞一定长度的特定哈希值则几乎完全不可能，同时攻击又需要消耗巨大的算力支出，导致所有的攻击行为都需要比合作行为付出更为高昂的成本，从而实现了激励相容的均衡结果。基于序列到期可撤销合约（Revocable Sequence Maturity Contract）或哈希时间锁定合约（Hashed Time lock Contract）的侧链交易也是参与者以算

---

〔1〕 樊晓香："基于机制诚实性的显示原理算法比较"，载《计算机技术与发展》2008年第10期。

法对算法、实现相互制衡的一个典型实例。不仅如此，算法自身也在不断发展出适合直接以算法进行规制的社会关系，例如算法合同，尤其是区块链上的智能合约。通过算法标准、形式检测、时间锁、智能风险预警等算法手段谋求算法之内的制衡，可能比传统的规制手段更有效。因此，在未来，算法规制更应当注重算法制衡体系的建设，把机制设计转化为算法中内置的安全保障设计和权益制衡设计；更借助市场开发的算法风险防御应用和竞争性的算法应用，最大限度地实现算法风险在信息经济生态内部消解，避免由规制成本以及规制失灵带来的额外负担。

我国法律体系中算法规制的内容方兴未艾，也为算法规制的机制设计留下了充分的空间。在我国行政法规层次以上的法律规范中，1991年制定的《计算机软件保护条例》第7条第一次提及"算法"，但却明确表示本条例保护的范围不包括算法；1999年制定的《商用密码管理条例》第5条第2款要求"编制的商用密码算法具有较高的保密强度和抗攻击能力"，这是我国第一次对算法提出明确的要求。"算法"一词第一次进入我国的法律层面是2004年制定的《电子签名法》，但该法仅仅是在附则中提及了这一术语。即使是在部门规章层面，算法规制的行政立法范例亦为数不多。工信部的《移动智能终端应用软件预置和分发管理暂行规定》（工信部信管〔2016〕407号）是罕见的实例。此外，存在大量技术性的标准（如住房和城乡建设部《建筑智能化系统运行维护技术规范》、国家密码管理局《密码模块安全检测要求》等），但还没有将算法规制上升到"硬法"的层面。在此种条件下，我国的算法规制完全可以在现有制度框架与工具基础上尝试各种制度工具及其组合，特别是形成基于算法本身的核心规制结构，以最符合信息科技内在规律的方式,达成算法规制的价值目标。

结　语

人类正在进入一个"算法时代"。算法规制绝非一蹴而就的短期任务,它将持续考验规制者的能力与智慧。随着信息科技的日益发达,算法规制的新问题和新挑战也许会远远超出本文的预期,但只要算法规制在价值目标和机制设计的基本问题上坚持正确的认知,算法规制必将成为信息科技服务于人类发展的关键助力。

(苏宇:"论算法规制的价值目标与机制设计",
原载《自然辩证法通讯》2019年第10期。)

区块链技术的算法规制

赵 磊

摘要：互联网与计算机系统是区块链技术的基础设施，加密算法是区块链的技术基础，算法信任是区块链技术的核心机制。借此，区块链技术实现了人际信任、制度信任到机器信任。区块链算法以客观数据为基础，依赖特定运算方法自动运行，不受任何人控制和支配，交易双方完全信赖算法而非第三方。区块链算法既是决策自动化的体现，也决策自动化的执行机制。参与者之间的权利义务必须在事前写入特定的计算机程序，以充分保障所有参与者的权益。区块链算法改变了传统法律下的担保与信用机制。智能合约是区块链算法的核心，也是区块链技术对传统法律制度冲击最大的部分。区块链算法的规制要做到在传统法律框架下运行，依法治链与"以链治链"相结合。

关键词：区块链；算法；共识机制；法律规制

市场经济活动中存在众多各种各样的信息中介和信用中介，原因在于交易双方的信息不对称导致交易双方无法建立有效的信用机制。区块链是一种去中心化的共识机制，为解决这一问题提供了全新的思路。互联网与计算机系统是区块链技术的基础设施，加密算法是区块链的技术基础，算法信任是区块链技术的核心机制。借此，区块链技术实现了人际信任、制度信任到机器信任。区块链技术涉及哈希算法、非对称加密以及智能合约等几种算法,它们的技术特点与功能各不相同,一起构成区块链技术的共识机制。

区块链是去中心化的,其数据的真实性、不可篡改性以及参与者对其的认可,都是通过算法保障的。但是,当推向逻辑极限时,算法治理可能会最终导致系统具有高度规范性和确定性。人们可以自由决定他们要遵守的特定规则集的系统,但在做出选择之后,就不能再偏离这些规则。[1]2016年发生的"The Dao"事件,就是不法分子利用智能合约算法存在的漏洞盗取客户巨额资金的典型案例。[2]因此,算法是一把双刃剑,既可以提高交易效率、保障交易安全,甚至重塑信用机制,也可能会侵害当事人利益乃至社会利益。算法规制既是技术问题,又是法律问题。

一、区块链的算法逻辑

区块链技术是一种参与者"点对点"电子系统,这首先依赖信息的分布式存储,而参与者在信息交换过程中数据的真实性、不可篡改性以及工作量证明则通过特殊的算法逻辑实现。

---

[1] Aaron Wright and Primavera De Filippi, "Decentralized Blockchain Technology and the Rise of Lex Cryptographia", available at https://papers.ssrn.com/sol3/papers.cfm?abstract_id=2580664.

[2] 2016年5月,The DAO 是作为以太坊区块链上的智能合约构建的,是一个完全由自我执行的软件组成的线上众筹系统。The DAO 募集了1270万以太币(当时价值约1.5亿美元),当以太币交易价格为20美元时,来自 DAO 的以太币总价值超过2.5亿美元。2017年6月,黑客一夜之间窃取了该平台1/3的资金。依照 DAO 的规则,被截留的资金完全合区块链无法辨识窃贼和客户。See Samuel Falkon, "The Story of the DAO — Its History and Consequences", Dec 24, 2017, https://medium.com/swlh/the-story-of-the-dao-its-history-and-consequences-71e6a8a551ee, Jan 12, 2020.

(一) 区块链算法即"上帝"

在一项交易中,双方当事人之间由于信息不对称,通常要经过长期交往形成的信用机制保障,或者依赖第三方来保障交易安全。如果没有类似于银行或者政府这样的第三方机构确认信息,我们依然无法确认交易对方的身份,无法建立商事活动所需的信任关系。这些中间机构极有可能会因为商业目的或者国家安全,搜集我们的数据和侵犯我们的隐私。[1]在比特币发明者中本聪看来,这类系统内生性地受制于"基于信用的模式"的弱点,无法实现完全不可逆的交易,因为金融机构总是不可避免地会出面协调争端。金融中介的存在,也会增加交易的成本,并且限制了实际可行的最小交易和支付规模。[2]

只要交易中存在第三方,就势必会产生机会主义、代理成本以及交易成本,上述问题都是不可避免的。那种能够克服人性弱点又没有任何利益追求的第三方是不存在的,除非是上帝。著名的密码学者尼克·萨博在1997年发表的一篇文章就做了这样的设想:"可以想象一种理想的协议,它拥有最值得信赖的代表所有人利益的第三方——上帝。所有各方都将其信息发送给上帝,上帝可靠地按确认并向各方反馈结果。上帝是交易过程的最终自由裁量者,一切涉及隐私的信息都由上帝保存,所有参与方都不能获知与己无关的信息。"[3]在现实生活中,上帝是不存在的,尼克·萨博的想法在当时只能是观念上的、理想化

---

[1] See Don Tapscott and Alex Tapscott, *Blockchain Revolution: How the Technology Behind Bitcoin is Changing Money, Business, and the World*, New York, Portfolio/Penguin, 2016, p. 3.

[2] See Satoshi Nakamoto, "A Peer-to-Peer Electronic Cash System", https://bitcoin.org/bitcoin.pdf.

[3] Nick Szabo, "The God Protocols", https://nakamotoinstitute.org/the-god-protocols, Jan 12, 2020.

的，在实际操作层面并不可能实现。直到11年后，中本聪发明了比特币，其底层技术——区块链——使得这一空想变成了现实。

在比特币系统中，参与者之间的交易"点对点"进行，通过区块链技术建立起一个去中心化与去第三方的参与者共同协作的机制。区块链是共享的、受信任的分布式公共账本，网络中的每一个节点参与所有比特币交易的认证和备份，当有用户发起一个交易时，信息会被广播到整个网络，通过算力比拼而获得记账权的矿工将交易记录转化成一个新的区块连接到区块链中。所有交易信息一旦被记录就不可能被篡改。在区块链系统中，算法以客观数据为基础，依赖特定运算方法自动运行，不受任何人的控制和支配，交易双方完全信赖算法而非第三方。因此，算法扮演了上帝的角色。

(二) 确认交易的真实性——区块链中的密码学算法

区块链交易之所以不需要第三方信用，根本原因在于其采用密码学原理保障交易安全。可以说，没有现代密码学的发展就不可能产生比特币与区块链技术。区块链通过对交易信息数据化，再对这些数据加密传输，所有人都可以见证，只有当事人才有权解密、知悉信息内容。上述交易过程，通过两种密码学算法共同完成：一是非对称加密算法；二是哈希算法。

非对称加密算法是指对数据进行加密和解密时，需要两个不同的密码完成。与之相对的是对称加密算法中加密和解密只需要一个密钥即可。非对称加密算法在区块链中的运用，将交易中的密码分为公钥（public key）和私钥（private key）。区块链系统的参与者因其角色不同而持有不同的密钥，当其为交易的见证者时，其仅仅持有公钥，当其为一项交易的当事人时，其既持有公钥也持有私钥。在区块链中，数字签名可以被用于验证信息发送者的身份，用户可以公布自己的公钥，然后发送可以被公钥所验证的、已经通过私钥加密过的信息。如果信息的接收者能够使用公钥解密加密过的信息，即可证明这条信息的身份属实。[1]区块链系统采用非对称加密算法，一方面赋予全网用户通过公钥对所有交易予以验证的权利与义务，保证了交易的真实性；另一方面只有交易当事人才能通过私钥获取每一个交易的具体内容，保证了在分布式存储网络中点对点信息传输的安全性与当事人的隐私。

区块链（blockchain）之所以使用这个名字，是形象地把对每一个交易信息数据的载体比喻成一个区块（block），下一个区块对上一个区块进行验证，所有区块按照产生的先后顺序相互连接起来，是为区块链。上一个区块的信息数据传递给下一个区块，是通过哈希（Hash）算法完成的。哈希算法也叫"安全散列函数"，又称信息摘要。文章摘要是对文章内容的概括总结，看了文章摘要，我们就能大致了解文章的主要内容。哈希算法也有这样的功能，它可以把任意的信息集，用非常简单的信息予以描述。它是一个特别的数学函数：给定输入很容易得到输出，但是从输出计算回输入不可行。[2]

区块链使用哈希算法生成交易数据摘要，当前区块里面包含上一个区块的哈希值，后面一个区块又包含当前区块的哈希值，以此类推，一个个包含哈希值的区块串连起来，形成一条区块链。在一个区块链系统中，除创世区块以外，其他区块都有一个标头（Header）。区块标头包含的是本区块以及前一个区块的相关指示信息，包括：一个区块的版本号、时间戳、难度

---

[1] 唐文剑等编著：《区块链将如何重新定义世界》，机械工业出版社2016年版，第59页。

[2] 参见姚前："数字货币的前世与今生"，载《中国法律评论》2018年第6期。

目标、前一个区块的哈希值、随机字符串等等。哈希算法是区块链的底层技术,其上述特性赋予了区块链技术以可靠性。

(三) 共识算法即共识机制（Consensus）

非对称加密算法与哈希算法的一并运用构成了区块链系统最为重要的因素——共识算法,也称共识机制。区块链如果想达到去中心化的目的,就必须通过共识算法。因为区块链上记录的数据对所有人可见,而且很难否认和回溯性修改,所以彼此不认识并因此不信任的群体可以依赖这个新的数据结构来协调他们的活动。[1]最初的区块链都是公共区块链,参与者在无中心化的情况下分布式存在。[2]而在分布式存储的计算机系统中,实现参与者之间的信任是非常困难的。

区块链解决这一问题的方案,是为发送信息加入成本,降低信息传递的速率,并加入一个随机数以保证这一段时间内只有一个参与者（矿工）可以进行传播。它加入的成本就是"工作量",区块链的每一个参与者都必须完成一个随机哈希算法的计算工作量才能向各城邦传播消息。[3]如前所述,区块链系统的各个节点进行分布式记账,通过哈希算法保证了每个交易区块信息传递的连续性与真实性,又通过非对称加密技术保证了信息传递的正确性与所有节点一致性。于是,各个节点对区块链系统内的所有信息与数据达成一致认识,而按照同一套协作

---

〔1〕 参见［美］Primavera De Filippi、Aaron Wright:《区块链与法律程式码之治》,王延川译,元照出版有限公司2019年版,第58页。

〔2〕 根据区块链的中心化程度不同,区块链可以分为公有链（Public Blockchain）、联盟链（Consortium Blockchain）和私有链（Private Blockchain）。公有链是完全去中心化的,私有链是中心化的,联盟链是多中心化的。公有链是最早出现的,也是最能体现区块链技术优势的类型。如无特别说明,本文讨论的区块链指公有链。

〔3〕 参见长铗等:《区块链:从数字货币到信用社会》,中信出版社2016年版,第57页。

策略行动，是为形成共识机制。

区块链的类型不同，其共识算法亦不同。因为参与者越分散、越没有权威的中心化机构存在，共识机制的形成越难。区块链系统的中心化程度越高，共识算法越简单，中心化程度越低，共识算法越复杂。因此，对于区块链的主要三种类型来说，公有链的共识算法最为复杂，相对而言，效率最低、资源消耗最大；私有链的共识算法最为简单、效率最高、资源消耗最小；联盟链居中。

一般来说，公有链的共识算法为工作量证明（Proof of Work，POW）、权益证明（Proof of Stake，POS），比特币和以太坊分别采用上述两种共识算法。这种共识算法下的数字货币是工作量证明的表现形式。而对于不需要数字"代币"的联盟链或者私有链而言，共识算法大多采用较为传统的一致性算法，如拜占庭容错（PBFT）、Paxos、RAFT等等。

（四）区块链算法——信任机器

区块链通过自己的算法逻辑，使得陌生参与者在没有任何第三方介入的前提下，实现了相互信任、达成交易。在这一过程中，交易当事人之间的信息不对称、代理成本与机会主义等影响交易安全的不确定性因素并未消除，只是通过不依赖人主观意志的算法，使得参与者均认可系统内客观交易数据的真实性。从某种意义上说，这保障了交易的绝对安全。这一切并非人与人之间或者机构与机构之间等任何传统意义上的信任关系和信用机制，而是参与者对区块链技术的信任。因此，《经济学人》2015年10月号刊文称："区块链是信任机器，可以让相互并不信任的人们进行协作，而不必经过任何中心化机构。"[1]

---

[1] See "The Promise of Blockchain-The trust machine: The technology behind bitcoin could transform how the economy works", *The Economist*, Oct 31st 2015.

二、区块链算法的决策自动化

作为一种计算机技术,区块链之所以能够去中心化,一方面是其独有的算法机制使得所有参与者集体协作,保证了信息的共享性与真实性;另一方面是系统的运行必须脱离任何人或者机构的控制,才能保障信息的客观真实、全网一致与不可篡改。区块链算法既是决策自动化的体现,也决策自动化的执行机制。参与者之间的权利义务必须在事前写入特定的计算机程序,以充分保障所有参与者的权益。区块链的这一特性,为智能合约(Smart Contract)在社会生活各个领域的广泛运用提供了最佳技术支持。

(一)区块链算法与智能合约

区块链是分布式系统,各个节点是分布式分类账本,其不只记录其他节点传递来的信息。作为共识系统的一部分,其必须确保记录的交易已经完成,与共识相匹配。就比特币而言,这意味着系统会自动执行财务汇款。用户不能在发起比特币的交易后又反悔,汇款对账和达成的同步也是交易程序的一部分。这一机制被称为智能合约。权利和义务规定以及契约协议的执行都在该平台有所体现。[1]

智能合约的出现远远早于区块链技术,是尼克·萨博在20世纪90年代提出的。尼克·萨博认为这智能合约是一组以数字形式指定的承诺,包括各方当事人在其中执行这些承诺的协议,由计算机系统自动执行。[2]智能合约是信息化时代电子化、理

---

[1] 参见[美]凯文·沃巴赫:《链之以法:区块链值得信任吗?》,林少伟译,上海人民出版社2019年版,第29页。

[2] See Nick Szabo, "Smart Contracts: Building Blocks for Digital Markets", http://www.fon.hum.uva.nl/rob/Courses/InformationInSpeech/CDROM/Literature/LOT winterschool 2006/szabo.best.vwh.net/smart_ contracts_ 2. html.

想化的契约形式，但囿于技术发展水平，在很长一段时间内，其仅仅停留在概念上，直到区块链技术的出现。作为区块链技术的最早应用形式，比特币交易过程完全是自动执行的。比特币系统建立在"可复制、共享的账本"之上，每个参与者均拥有一个完整交易账本的副本。智能合约是运行在区块链系统可复制、共享账本上的计算机程序，可以处理信息，接收、储存和发送价值。基于区块链技术的智能合约，不仅可以发挥智能合约在成本效率方面的优势，而且可以避免恶意行为对合约正常执行的干扰。将智能合约以数字化的形式写入区块链，由区块链技术的特性保障存储、读取、执行整个过程透明可跟踪、不可篡改。同时，由区块链自带的共识算法构建出一套状态机系统，使智能合约能够高效运行。[1]

如果把区块链看作是一个数据库，智能合约就是能够使区块链技术应用到现实中的应用层，是利用计算机代码构建并存储在区块链中的去中心化协议，一旦满足代码所设定的条件便会自动触发合约执行。可以说，智能合约与区块链技术两相成全，前者拓展了后者的应用领域，后者保证了前者的性能。[2]最新发展趋势是区块链允许人们将小的代码片段（即智能合约）上传至区块链，这样就可以实现智能合约在互联网每个节点上分散执行的效果，即区块链作为基础技术可以自动执行智能合约条款，即使这些条款与法律或合同条款并不存在实质性关系。[3]

---

[1] 长铗等：《区块链：从数字货币到信用社会》，中信出版社2016年版，第122页。

[2] 赵磊、孙琦："私法体系视角下的智能合约"，载《经贸法律评论》2019年第3期。

[3] ［美］Primavera De Filippi and Samer Hassan，"从'代码即法律'到'法律即代码'——以区块链作为一种互联网监管技术为切入点"，赵蕾、曹建峰译，载《科技与法律》2018年第5期。

(二) 智能合约的运行机制

作为自动决策程序，智能合约既具有计算机程序代码，也具有传统合同元素，二者相对独立又相互联系。智能合约的运行机制一般包括三方内容：

第一，每一个智能合约都必须有特定的条件框架（Conditional Framework）。这一条件框架既符合合同法规则，也是计算机编码所必需的。在合同法中，当事人作出允诺以换取其他当事人承诺：如果 x 这样做，y 就会这样做。同样，在智能合约和构成它的计算机代码中，条件框架是其核心。在智能合约的编纂中，条件语句是必不可少的。本质上，智能合约的自动运行是按照一定条件框架设计的计算机代码执行其编写的程序而已。[1]条件框架由多方参与者共同制定，完成智能合约的构建。

第二，架构在区块链系统上的智能合约通过哈希算法进行数据存储。用户在某一区块链系统上部署智能合约以后，系统会自动分配给其一个合约账户，该账户里保存着智能合约的可执行字节码。一旦编码完成，智能合约就会被上传到区块链系统，全网验证节点都会收到相关信息，交易数据存储在区块链上，智能合约账户的状态数据存储在自己的账户内。所有数据均会在区块链系统中永久留下历史记录。

第三，智能合约的执行是通过验证程序代码完成的。各个节点在收到交易信息后，会自动对其进行签名验证，以确保交易的有效性。各验证节点对某一交易达成共识后，智能合约将自动执行，并通知交易当事人及全网。同时，智能合约自带的状态机会判断所属合约的状态，当合约中所有事务都顺序执行

---

[1] See Paul Catchlove, "Smart Contracts: A New Era of Contract Use", *LLH*473-*Independent Research Project*, Dec. 23, 2017, https://ssrn.com/abstract=3090226, Jan. 23, 2020.

完后，状态机会将合约的状态标记为完成，并从最新的区块中移除该合约。反之，将标记为进行中，继续保存在最新的区块中等待下一轮处理，直至处理完毕。

2016年诺贝尔经济学奖授予了奥利弗·哈特和本特·霍尔姆斯特伦。[1]哈特的主要贡献在不完全契约理论方面，所谓不完全契约是指缔约双方不能完全预见契约履行期内可能出现的各种情况，从而无法达成内容完备、设计周详的契约条款。一般而言，导致不完全契约的原因有二：一是有限理性；二是交易成本。这是所有传统合同都难以避免的问题。智能合约将当事人之间的权利义务转化成计算机代码，通过区块链系统保证其运行的客观理性与自动化。一方面，智能合约是基于软件的比特算法，可以排除掉影响合同履行的人为因素，保障了交易安全；另一方面，区块链算法的自动化决策大大提高了合同履行的效率，降低了交易成本。从这个意义上说，智能合约中的代码不同于现有合同形式，与其说代码代表了合同，还不如说代码本身就是合同。[2]

（三）以太坊：区块链算法决策自动化的最佳例证

比特币是区块链技术的最初应用，其十几年的成功运行充分验证了区块链技术的可行性与应用价值。但是，比特币是封闭的区块链平台，用户无法在其协议基础上对外扩展。而且，比特币仅仅是一种虚拟货币，除了在少数用户之间具有替代法定货币的价值交换功能，并不能满足社会生活其他方面的需求。基于此，作为比特币的底层技术，区块链被抽象出来并被尝试

---

[1] "The Sveriges Riksbank Prize in Economic Sciences in Memory of Alfred Nobel 2016", https://www.nobelprize.org/prizes/economic-sciences/2016/summary/, Jan. 23, 2020.

[2] Kevin Werbach and Nicolas Cornell, "Contracts Ex Machina", 67 *Duke Law Journal* 313 (2017), p. 132.

超越数字货币而应用到更为广阔的领域。

2013年,一位普通的比特币社区程序员维塔利克·巴特林提出了以太坊(Ethereum)的构想——"下一代加密货币与去中心化应用平台"[1],意图建立一个开源的有智能合约功能的公共区块链平台,并于2015年7月将这一构想付诸实践。与比特币系统不同,以太坊采用了图灵完备(Turing Completeness)[2]的编程语言。图灵完备本来就是指由虚拟的图灵机替代人类进行数学运算,将其与区块链技术结合,完美地为区块链算法决策自动化提供了代码解决方案。基于以太坊平台的应用是智能合约,采用多种编程语言实现协议,为区块链技术的广泛应用提供了无限可能性。

三、区块链算法对现行法律制度的挑战

区块链的去中心化特点决定着其是颠覆性的技术手段,甚至被认为掀起了"第四次工业革命"的浪潮。[3]与此同时,区块链技术(尤其是其特有的算法)势必会对现行法律制度构成极大的挑战和机遇。

(一)区块链算法对担保与信用机制的改变

商事交易活动在绝大多数情况下是在陌生人之间发生的,陌生人之间发生交易的基础是相互信任,彼此相信对方会如约

---

[1] Vitalik Buterin, "Ethereum: A Next-Generation Cryptocurrency and Decentralized Application Platform", https://bitcoinmagazine.com/articles/ethereum-next-generation-cryptocurrency-decentralized-application-platform-1390528211, Jan. 23, 2020.

[2] 1936年,英国数学家阿兰·麦席森·图灵提出了一种抽象的计算模型——图灵机(Turing machine),将人们使用纸笔进行数学运算的过程进行抽象,由一个虚拟的机器替代人类进行数学运算。图灵完备就是指程序员编写的各种代码语言,再加上一种运算规则,能在图灵机这种虚拟机中完美地运算。

[3] 参见李国权、闫黎:"区块链澎湃第四次工业革命浪潮",载《高科技与产业化》2017年第7期。

履行承诺。一项交易达成、履行与完成的过程，充满着许多不确定性因素，对当事人来说蕴含着交易目的不能实现的风险。[1]为了保障交易安全，传统法律制度设计了较为完备的担保体系。不过，无论是人的担保，还是物的担保，都是通过商事交易本身以外引入"第三方"，抵御交易可能产生的风险。在没有任何担保的前提下，交易安全在很大程度上则取决于当事人的信用是否良好。商事交易因信用机制而达成交易，也未能完全脱离"第三方"的干预。

区块链技术产生伊始，其目的就是"去中心化""去中介化"，使得在当事人之间直接进行"点对点"的交易，排除任何第三方的干预。这一功能的实现是由于区块链技术采用了特殊算法机制。区块链技术的算法机制充分消除了交易当事人之间的不信任，降低了交易不确定性，当事人之间的道德风险与机会主义难以发生。换句话说，区块链算法使得交易不再考虑人与人之间的信任、不再考虑是否有物的担保，甚至不再考虑交易相对人的信用如何，算法保证了交易安全。因此，传统法律框架下的担保机制与信用机制在区块链世界中已无太大的用武之地。

当然，这并不是说区块链排除了法律规则的适用，只不过是改变了传统法律制度的运行机制。区块链技术基于法律框架，不仅通过预设自动执行的智能合约，在约束并引导人们的行为时引入技术，而且依靠技术使信息更加透明、数据更加可追踪、交易更加安全，大大降低了法律的执行成本，呈现出法律规则和技术规则的协同作用、相互补充，法律与经济融为一体、逐渐

---

[1] 赵磊："商事信用：商法的内在逻辑与体系化根本"，载《中国法学》2018第5期。

趋同的态势，法律的约束与执行逐渐走向智能化。[1]

(二) 合同法视角下的智能合约

智能合约是区块链算法的核心，也是区块链技术对传统法律制度冲击最大的部分。智能合约通过区块链系统可以做到交易的自动化，极大提高了交易效率，在一定程度上降低了交易成本，对交易安全的保障也有积极意义。但是，在合同法视角下，智能合约至少存在以下几方面的问题：

其一，在法律框架下确定智能合约的内容是困难的。智能合约是以代码形式呈现出来并运行于区块链系统中的计算机语言，其在编辑时如何体现当事人的权利义务、是否应当由技术人员、法律专业人士以及区块链系统的用户共同参与制定，以及是否可以将法律框架下涉及当事人权利义务的"法言法语"编辑成代码并放到智能合约中去等。这些问题是令法律人困惑的，目前看来，尚未有令人满意的答案。

其二，当智能合约被用于记录全部或部分法律协议时，它们产生了新的挑战和弊端。它们不像书面协议那样私密，就其密码没有以人类可读语言公开揭露和解释而言，它们可能促使甚少有人理解的标准化合约安排的形成。更令人担忧的事实是，区块链智能合约的自主和去中介性可以支持和促进犯罪活动。区块链技术有可能影响法律协议，无论是积极的还是消极的，各方都可以依靠加密安全法来创建促进违法活动的智能合约。[2]

其三，全流程自动化的智能合约不能适应千变万化的现实生活，可能会造成当事人合法权益的损害。从理论上说，将智

---

〔1〕 参见唐文剑等编著：《区块链将如何重新定义世界》，机械工业出版社2016年版，第47页。

〔2〕 参见 [美] Primavera De Filippi、Aaron Wright：《区块链与法律程式码之治》，元照出版有限公司2019年版，第101页。

能合约用于商事活动,可以解决信任与担保问题。合同的磋商、订立与履行的各个阶段被计算机程序取代,不必要的人为因素甚至司法干预都可以被排除掉,也不会出现违约问题。纯粹从技术角度来看,确实如此。但是,现实生活中的商事活动是非常复杂的,不但当事人主观上协商一致可以变更或解除合同,而且如有不可抗力、情势变更等客观情形发生,当事人可以主张合同变更、解除或免除违约责任。对于智能合约而言,上述情况发生时也无法阻止合同的自动执行,可能会侵害当事人的合法权益,甚至可能违背了双方当事人的意思自治。"The Dao"事件中,智能合约的自动代码运行于去中心化的分布式平台,取代法律、中介和人际关系成为信任的实现载体。黑客利用了"The Dao"智能合约中的编程错误非法盗取平台巨额资金时,其智能合约依然自动运行,无法辨识窃贼和合法客户,更无法追回被盗资金。[1]这对于传统合同来说是无法想象的。

其四,智能合约会增加新的成本。传统合同是灵活的,当事人可以使用绩效标准(通常定义的合同条款)来创建可执行的协议,而无须完全了解将来可能发生的情况。当事人还可以将商业惯例纳入协议,从而避免明确但多余的谈判。同时,在合同履行过程中,当事人可以通过非正式修改或有选择地执行动态调整合同。这两种形式的灵活性和合同履行的自由裁量权实际上提高了交易的整体效率。智能合约消除上述灵活性,可能会产生比其寻求解决的成本更为严重和棘手的成本。[2]

---

[1] See Klint Finley, "A $50 Million Hack Just Showed That the DAO Was All Too Human", June. 18, 2016, available at https://www.wired.com/2016/06/50-million-hack-just-showed-dao-human, Jan. 25, 2020.

[2] See Jeremy Sklaroff, "Smart Contracts and the Cost of Inflexibility", *University of Pennsylvania Law Review*, 2017 (Vol. 166), p. 264.

(三) 区块链算法下的权利保护

区块链技术的主要特征是匿名性,非对称加密算法的应用使得用户信息的全网共享与隐私保护相结合成为可能。虽然在比特币这样的区块链系统中,交易内容和节点地址都是公开可见的,但是各个节点却无法获知其他节点背后用户的真实身份。通俗地说,在区块链的世界里,"没有人知道你是一条狗"。[1]理论上,节点信息的匿名性在完全去中心化的区块链系统中很难被突破,用户的个人信息很难被他人侵害。

区块链系统都是特定用户用来从事某种交易或者其他活动的载体,无论在何种应用场景下,有两个要素不可或缺:一是主体,即区块链系统的用户;二是行为,即商事交易或其他社会活动。因此,在区块链2.0和3.0阶段的应用场景中,至少应该在两个方面加强对用户权利的保护。以区块链在金融领域的应用为例:一是用户身份的匿名性。各种金融机构之间有效和安全地共享用户数据的困难可能导致重复用户身份验证的高昂成本。这也间接带来了某些中介机构披露用户身份的风险。另外,在某些情况下,交易的一方或双方可能不愿意让另一方知道其真实身份。二是交易的保密性。在线交易系统应可能最少地披露用户交易和账户信息。包括:①任何未经授权的用户都无法访问用户的交易信息;②未经管理员允许,系统管理员或网络参与者不得向他人透露任何用户的信息;③即使在意外故障或恶意网络攻击下,也应始终安全地存储和访问所有用户数

---

[1] See Michael Cavna, "Nobody Knows You're a Dog': As Iconic Internet Cartoon Turns 20, Creator Peter Steiner Knows the Joke Rings as Relevant as Ever", *WASH. POST* (July 31, 2013), https://www.washingtonpost.com/blogs/comic-riffs/post/nobody-knows-youre-a-dog-as-iconic-internet-cartoon-turns-20-creator-peter-steiner-knows-the-joke-rings-as-relevant-as-ever/2013/07/31/73372600-f98d-11e2-8e84-c56731a202fb_blog.html, Jan. 27. 2020.

据。[1]

四、规制算法与算法规制

作为一种解决节点如何形成共识的技术方案,区块链算法本来只存在于虚拟空间,与现实世界中的法律制度貌似互不相关。不过,一旦区块链技术进入到具体的应用场景,势必会涉及各方主体的权利义务,甚至会涉及公共利益,影响到社会秩序。区块链规制的核心是采取适当的激励措施,以诱导市场行为者的意向行为,从而解决追求私人利益最大化所引起的外部性问题。

(一)技术是中性的吗?——区块链算法规制的必要性与可行性

技术是一种客观存在,对其不应该附加任何价值判断,有利还是有害完全取决于应用技术的人。因此,有人主张"技术价值中立论",指技术只是一种方法论意义上的工具和手段,在政治上、伦理上和文化上是中性的,没有好坏、善恶以及对错之分,即技术本身包含任何价值判断。[2]就区块链算法而言,其在加密货币方面的应用,可能被不法分子用来从事洗钱、赌博、贩毒等犯罪活动,也可以被用于法定数字货币的发行,成为金融创新的有益尝试。从这个意义上说,对技术没必要规制。另外,作为一种客观的、静态的存在,技术不被使用时也无法进行规制。

存在主义哲学大师海德格尔认为:"尽人皆知对我们这个问题有两种回答。其一曰:技术是合目的的手段。其二曰:技术

---

[1] See Rui Zhang, Rui Xue and Ling Liu, "Security and Privacy on Blockchain", *ACM Computing Surveys*, Vol.1, No.1, Article 1. 2019.1, p.13.

[2] 王树松:"技术之'是'与'应该'",载《理论界》2004年第4期。

是人的行为。这两个关于技术的规定原是一体的，因为设定目的，创造和利用目的的手段，就是人的行为。"[1]这就将技术这一客观存在解读为人的行为。海德格尔进一步论述道："现代技术也是一个合目的的手段，因此，关于技术的工具性观念规定着每一种把人带入与技术的适当关联之中的努力。一切都取决于以得当的方式使用作为手段的技术。正如人们所言，我们要'在精神上操纵'技术。我们要控制技术。技术愈是有脱离人类统治的危险，对技术控制意愿就愈加迫切。"[2]

可见，技术的工具性观念有其目的导向，这并不是技术本身的问题，而是技术的创造者和使用者的行为。从规制的角度来看，所有的社会活动均是由特定主体的行为完成的。规制技术应该从两方面入手：一是主体方面，规制技术的创造者和使用者；二是行为方面，规制技术的具体应用。区块链作为一种计算机、大数据以及互联网领域的科学技术，是静态的客观存在，其自身并不会给社会带来任何危害，只有该技术被应用到具体的场景中，才可能会涉及社会利益或者公共利益。因此，单纯地对区块链技术进行监管既无必要，也不可行，需要根据区块链的不同类型，结合具体应用场景讨论。[3]

具体说来，规制区块链算法应该从以下四个方面着手：一是从规制对象来说，应该对区块链算法的制定者和使用者加强监管；二是从规制的场域来说，应该根据区块链算法的具体应用场景进行规制；三是从规制的阶段来说，应该贯穿区块链算

---

[1] [德] 马丁·海德格尔：《演讲与论文集》，孙周兴译，生活·读书·新知三联书店2005年版，第4页。
[2] [德] 马丁·海德格尔：《演讲与论文集》，孙周兴译，生活·读书·新知三联书店2005年版，第4~5页
[3] 赵磊："区块链如何监管：应用场景与技术标准"，载《中国法律评论》2018年第6期。

法制定与实施全流程,即事前监督、事中监督与事后监督相结合;四是从规制的方法和路径来说,要将区块链算法纳入现行法律制度框架内,即"依法治链"。同时,要根据具体情况,争取实现利用区块链算法机制来监管区块链算法,即"以链治链"。

(二)依法治链:规制区块链算法

区块链算法从形式上看是由计算机程序代码、密码以及特定运算方法构成,与传统法律制度逻辑严密的、规范化的行为规则相去甚远,但从其规则自身、目的导向以及行为结果来看,是可以被纳入现行法律制度框架的。

(1)从公法的角度看,区块链算法要符合密码法和网络安全法的相关规定。密码学原理是区块链算法的核心,是区块链分布式账本数据真实有效、不可篡改的关键。非对称加密算法、哈希算法与智能合约都离不开密码。《中华人民共和国密码法》(以下简称《密码法》)第2条规定:"本法所称密码,是指采用特定变换的方法对信息等进行加密保护、安全认证的技术、产品和服务。"区块链算法的主要功能就是对数据加密和认证,完全符合此处界定的密码范畴。《密码法》对区块链算法的规制具有极其重要的意义,其关于商业密码的大部分规定对区块链算法均适用。区块链算法的程序设计也应该严格遵守《密码法》的相关规定,加强个人隐私与信息安全保护。

另外,《中华人民共和国网络安全法》(以下简称《网络安全法》)的相关规定也适用区块链算法的规制。该法第22条规定:"网络产品、服务应当符合相关国家标准的强制性要求。网络产品、服务的提供者不得设置恶意程序;……网络产品、服务具有收集用户信息功能的,其提供者应当向用户明示并取得同意;涉及用户个人信息的,还应当遵守本法和有关法律、行政法规关于个人信息保护的规定。"可以看出，如果有组织或者个人利用区块链算法从事非法侵害他人利益与社会公共利益，应当属于此处"恶意程序"的范畴，为该法明令禁止。同时，该法强调个人的信息安全和隐私保护课以区块链技术的产品设计方与提供方对用户的说明告知义务，以保障用户的知情权。

（2）智能合约纳入合同法框架予以规制。如前所述，智能合约给传统合同法带来极大的挑战。有人甚至认为智能合约是合同法的2.0版本，是传统合同法终结的开始。[1]比较传统合同和智能合约，可以看出法律制度和计算机代码形成并行系统，在规范性和逻辑方面彼此平行发展。一个规范社会领域，另一个规范信息系统。[2]二者的交集在于智能合同是否能被应用到社会领域，以及如何把传统合同的规范性融入信息系统。具体而言，传统合同法对智能合约的规制体现为两方面：

一方面，就智能合同而言，无论其形式表现为何与履行过程如何，如果其运行的最终结果对相关当事人的民事权利义务有实质性影响，则应当受传统合同法的约束。比如，智能合约的效力也要符合相关法律规定，如果当事人对智能合约存在重大误解的，可以向人民法院或者仲裁机构请求撤销。

另一方面，在智能合约的程序语言编写时，应该考虑其运行结果对参与者权利义务的影响，充分征求事前参与者的意见，将其合理诉求转化为程序语言，写入智能合约。对于已经开始运行的区块链系统而言，负责运行的平台应该向后来加入者充分告知说明智能合约运行的结果。

---

〔1〕 Alexander Savelyev, "Contract law 2.0: 'Smart' Contracts as the Beginning of the end of Classic Contract Law", *Information & Communications Technology Law*, Volume 26, 2017 (2), p.116.

〔2〕 See Gabriel Olivier Benjamin Jaccard, "Smart Contracts and the Role of Law", *Jusletter IT* 23, November 2017, p.8.

（3）智能合约形成的新型财产权。智能合约中的 POW（工作量证明）、POS（权益证明）是其共识算法，同时也是对参与者权益的肯定与证明，在功能上形成某种新型的财产权。比特币的"挖矿"机制，是通过智能合约共识算法的运行，给予付出一定"算力"节点的奖励。通过"挖矿"行为取得比特币，从法理上说，属于物权原始取得根据中的劳动生产。在承认数据权利的前提下，应该承认其合法性。[1]这种机制后来发展为 Token（通证），作为智能合约共识算法的证明。区块链的 Token 机制，通过加密算法和分布式账本来确定真伪，以及资产的唯一性，并通过共识算法进行流通。

区块链技术肇始于比特币，自从 Ross Ulbricht 于 2011 年 2 月推出"丝绸之路"（SilkRoad）[2]网站以来，加密货币一直在破坏着各国政府的监管能力，给各国法律制度带来了极大冲击，甚至可以说是噩梦。[3]加密货币不仅可能会被作为犯罪工具，更冲击着各国法定货币体系。目前，绝大多数国家并未承认比特币、以太币等加密货币的法定货币地位，但是也很少有国家完全否定其财产属性。对于智能合约形成的新型财产权应该区别对待，不宜全盘否定。对于打着区块链幌子进行 ICO 发行的应该全面禁止，而区块链共识算法中的 Token 机制，应该承认

---

[1] 赵磊："论比特币的法律属性——从 HashFast 管理人诉 Marc Lowe 案谈起"，载《法学》2018 年第 4 期。

[2] "丝绸之路"由罗斯·乌布里希于 2011 年 2 月创办，是暗网中最受推崇的"电商"，从事贩毒、色情以及暗杀等种种严重犯罪活动，交易过程全程加密，所有交易只接受比特币支付。2013 年 10 月，罗斯·乌布里希被美国 FBI 抓获，网站被关闭。

[3] See Simon Chandler, "Smart Contracts Are No Problem for the World's Legal Systems, so Long as They Behave Like Legal Contracts", Feb 08, 2019, available at https://cointelegraph.com/news/smart-contracts-are-no-problem-for-the-worlds-legal-systems-so-long-as-they-behave-like-legal-contracts, Jan 28, 2020.

其为一种新型财产权。

(三)"以链治链":利用算法规制区块链

传统法律制度是建立在社会的网格化、科层化与组织化基础上的,对横空出世的区块链,缺乏解决去中心化分布式记账技术问题的监管手段,所导致的结果即以中心化为监管对象的法律与新兴技术带来的问题是不匹配的。[1]这就要求我们一方面加强区块链技术的相关立法工作,构建一套完整的规制框架,另一方面根据区块链技术的特点,利用区块链规制区块链,"以链治链"。

(1)确立区块链技术标准,建立区块链系统测试机制。一项被宣称为区块链技术的项目或产品,是否是真的区块链只能用区块链技术标准去衡量。《密码法》第22、23条规定,商用密码必须符合国家标准以及国际标准。目前,区块链技术的国家标准和国际标准都在制定过程中,一旦标准确定,所有区块链算法都要严格依其行事。区块链算法的设计与实施机构应当主动接受商用密码的检测、认证,以便净化区块链市场,有效打击和防止市场上鱼目混珠的"假区块链"与"伪区块链"。

(2)建立区块链产业信用机制。通过向社会公开的平台,区块链企业籍此进行服务备案、发布相关信息,起到公示公信的作用。2019年1月10日,国家互联网信息办公室发布《区块链信息服务管理规定》,自2019年2月15日起施行。该规定是我国第一部专门规制区块链技术的规范性文件,旨在明确区块链信息服务提供者的信息安全管理责任,规范和促进区块链技术及相关服务健康发展,规避区块链信息服务安全风险,为区

---

[1] Carla L. Reyes, "Moving Beyond Bitcoin to an Endogenous Theory of Decentralized Ledger Technology Regulation: An Initial Proposal", *Villanova Law Review*, Vol. 61, 2016(1), p.211.

块链信息服务的提供、使用、管理等提供有效的法律依据。

（3）加强区块链行业自律。真正掌握和理解区块链技术的是区块链产业的从业者，他们也是区块链技术合规合法发展最大的受益者。如果区块链产业野蛮生长，违法违规现象屡禁不止，政府一定会强化监管。如果区块链技术被用来从事违法犯罪活动，社会公众利益受到侵害，哪怕是少数从业者所为，其带来的外部效应也同样会波及其他合法合规企业。因此，建立区块链行业自律组织，由从业者相互监督、共同制定从业规范与技术标准，既有利于区块链行业规范发展，也有利于推动技术进步和产业合作。

结　语

区块链技术的出现并不是来自空中楼阁，其今后发展也不可能脱离互联网和技术原来的脉络，作为一种数据存储机制，其必然也会承接数据结构发展的既定规律。[1]算法是区块链技术的核心，其运行机制客观而理性，发展规律也更易捕捉。深入理解与正确认识算法是应用区块链技术的前提基础，如何利用其特殊算法解决现实问题是区块链产业发展的关键。

近年来，随着大数据、云计算以及移动互联网等技术的发展，在共享经济与平台经济的助推下，算法在经济发展与社会生活中的应用越来越广泛，已经脱离了单纯的技术领域，成为一个涉及经济、伦理与法律等多方面的社会问题。因此，这也引发了学术界关于算法研究的热潮。学者们在算法研究领域，提出了许多包括"算法歧视""算法共谋"以及"算法透明"等有价值的命题，并且给出了一些极具理论与实践价值的解决

---

[1] 龚鸣：《区块链社会：解码区块链全球应用与投资案例》，中信出版社2016年版，第355页。

方案。不过,区块链算法有其特殊性,上述问题很多在区块链技术中或者没有体现,或者并不重要,抑或呈现的面貌不同。本文关于区块链算法的研究只是一个粗浅的尝试,也是一个开始,希望区块链实务界人士与学界同仁将这一话题延续下去、深入挖掘,合理利用区块链算法,使这一伟大技术革命真正能够增进社会福祉。

(赵磊:"区块链技术的算法规制",原载《现代法学》2020年第2期。)

智能社会法律的算法实施及其规制的法理基础
——以著作权领域在线内容分享平台的自动侵权检测为例

张吉豫

摘要：随着信息网络空间日益成为人类活动的重要空间，智能算法在网络空间被广泛运用，我们正在快速进入智能社会。在智能社会中，法律的算法实施及其规制是不容忽视的重要问题。著作权领域法律的算法实施较早地开始实践，提供了一个有益的观察视角。世界范围内著作权法治实践逐渐脱离传统的避风港规则，从平台自发采用侵权检测算法、司法裁判对平台责任加重、立法确立新原则这三个维度，加强了在线用户分享内容平台的事前审查，激励了网络空间中著作权的算法实施机制和规制的创新与发展。智能社会中著作权算法实施具有必然性和积极意义。其规制机制应以信息的合法高效流通原则、算法权力与公权力、私权利平衡原则，共享经济、新零工经济的"助推型"治理理念，"共建共治共享"的社会治理理念等智能社会的法理信念为指引，构建用户与平台之间新的利益平衡机制、超越"过滤义务"的多元共治机制、著作权状态及归属的公信认证机制、争端解决的"在线合议"机制。

关键词：智能社会；避风港规则；过滤义务；法律的算法实施；算法规制；版权区块链；在线争端解决；共建共治共享

引　言

人工智能、大数据、云计算、移动互联网、区块链等日新月异的信息技术不断推动着信息网络空间的高速发展。科学技术的发展水平深刻影响着人们认识世界和改造世界的能力，勾勒着人们的生活和社会组织形态的可能边界。随着信息网络空间日益成为人们工作生活越来越重要的场所，社会经济文化生活日益信息化、数字化，可以自动化、智能化地分析处理大量信息的算法在信息网络空间中的应用迅速普及，对信息网络空间及线下物理世界中人们的行为和社会秩序产生着日益深刻的影响，[1]人类开始迈入智能社会。算法在网络空间中的运用引起了日益广泛的关注。一方面，人们对算法使用中的算法歧视、算法黑箱、算法滥用、算法错误等问题产生怀疑和忧虑，引发了社会对算法规制的高度关注；另一方面，人们也关注到智能算法等信息技术对社会生产和生活、社会和国家治理新机制的赋能和支撑。党的十九大报告提出，要"提高社会治理社会化、

---

[1] 算法对物理世界的影响主要体现在两个方面：一方面，算法应用在对自动驾驶车辆、智能机器人等现实物理装置的控制，对物理世界产生直接影响；另一方面，算法处理的数据和决策对象可以通过认证机制和算法识别机制来与物理世界中的人、事、物建立直接映射。进而，算法在信息空间中的分析和决策也将对物理世界产生实质影响。这方面正如我国学者胡凌所述，"物理世界和赛博空间之间的界限变得愈加模糊不清"，物理空间中各种资源（人、物品、社会关系、生产要素）日益数字化，"通过账户进行认证和识别，从而便于在赛博空间中调配匹配"。参见胡凌："超越代码：从赛博空间到物理世界的控制/生产机制"，载《华东政法大学学报》2018年第1期。

法治化、智能化、专业化水平"。[1]法治化和智能化等方面的共同进步和有机结合将为新时代中国社会治理提供重要的创新机制和有力支撑。

"法律的生命力在于实施。"[2]在智能社会中，法律的算法实施（或称"通过算法的法律实施"）是法学理论研究和法治体系建设中不可忽视的重要组成部分。[3]算法之本义为任何明确定义的计算过程，该过程接收某个值或值的集合作为输入，并产生某个值或值的集合作为输出。这样，算法就是将输入转换为输出的计算步骤的序列。[4]即算法是面对"怎么做"的问题所提出的具有可操作性的具体步骤。在当代语境下，算法通常被缩限界定为可以由计算机等具有信息处理能力的装置所执行的解决某一问题的具体处理过程。本文即用法律的"算法实施"这一表述来指代法律通过在计算机等具有信息处理能力的装置上所运行的算法而在社会中被执行、适用和

---

[1] 习近平：《决胜全面建成小康社会 夺取新时代中国特色社会主义伟大胜利——在中国共产党第十九次全国代表大会上的报告》，载http://www.xinhuanet.com/politics/19cpcnc/2017-10/27/c_1121867529.htm.

[2] "中共中央关于全面推进依法治国若干重大问题的决定"（2014年10月23日中国共产党第十八届中央委员会第四次全体会议通过），载《人民日报》2014年10月29日。

[3] 法律的算法实施在近十余年中引起了越来越多学者的关注。参见［美］劳伦斯·莱斯格：《代码2.0：网络空间中的法律》，李旭、沈伟伟译，清华大学出版社2008年版；Ian Kerr, "Digital Locks and the Automation of Virtue", in Michael Geist (ed.), *From "Radical Extremism" to "Balanced Copyright"*: *Canadian Copyright and the Digital Agenda*, Irwin Law, 2010, p. 247; Kenneth A. Bamberger, "Technologies of Compliance: Risk and Regulation in a Digital Age", *Texas Law Review*, Vol. 88, No. 4 (2010), pp. 669~739; Helen Nissenbaum, "From Preemption to Circumvention: If Technology Regulates, Why Do We Need Regulation (and Vice Versa)?", *Berkeley Technology Law Journal*, Vol. 26, No. 3 (2011), pp. 1367~1384.

[4] 参见［美］Thomas H. Cormen等：《算法导论》（第3版），殷建平等译，机械工业出版社2012年版，第3页。

遵守。

近年来，网络平台越来越多地使用算法来支撑法律实施。[1]这既使法学研究者关注到算法实施可能带来的积极意义，[2]也引起了法学研究者对网络平台中法律的算法实施所引起的新问题的高度关注。例如，法律的算法实施是否实质上导致一部分执法权、裁判权甚至立法权汇聚为一体并被分散的网络平台所拥有，[3]由此引起的权力格局和社会结构关系的变化会带来怎样的影响，[4]如何规范平台在算法设计和运行中侧重商业目的而非立法目的或公共利益的实现问题，[5]等等。并且，可能引起社会公众关于科技异化、风险泛在、人的主体性迷失等方面的担忧。法律算法实施的收益和风险应如何评估，在何种情况下社会应允许或推进某一方面法律的算法实施，应如何建设和

---

[1] See Maayan Perel and Niva Elkin-Koren, "Accountability in Algorithmic Copyright Enforcement", *Stanford Technology Law Review*, Vol. 19, (Spring, 2016), pp. 478~480.

[2] 例如，我国研究者提出："当代信息和数据技术的发展和应用，将有望全面降低法律场景中与规范制定和执行有关的信息成本，由此显著地改善法律实施效果。"该文中亦讨论了"借助技术改善法律实施可能引入新的问题"。戴昕、申欣旺："规范如何'落地'——法律实施的未来与互联网平台治理的现实"，载《中国法律评论》2016年第4期。再如，崔国斌教授指出，通过修改《著作权法》，"引导网络服务商与著作权人合作建立合理的版权内容过滤机制，自动识别和阻止用户的版权侵权行为"，"将节省著作权人监督网络和发送侵权通知的成本，也降低网络服务商处理侵权通知的成本"。崔国斌："论网络服务商版权内容过滤义务"，载《中国法学》2017年第2期。

[3] 参见[美] Thomas H. Cormen等：《算法导论》（第3版），殷建平等译，机械工业出版社2012年版，第3页；[美]克里斯托弗·斯坦纳：《算法帝国》，李筱莹译，人民邮电出版社2015年版，第197页。

[4] 参见齐延平："论人工智能时代法律场景的变迁"，载《法律科学（西北政法大学学报）》2018年第4期；马长山："智慧治理时代的社会组织制度创新"，载《学习与探索》2019年第8期。

[5] 参见戴昕、申欣旺："规范如何'落地'——法律实施的未来与互联网平台治理的现实"，载《中国法律评论》2016年第4期。

发展法律的算法实施机制,对其应如何有效地进行规制均是值得法学界关注和研究的问题。面对这些新的问题,需要在既有理论的基础上结合具体领域中的实践进行研究,以不断推动相关法理和法律制度的发展完善。

从20世纪90年代初起,著作权领域就处在法律的算法实施的前沿。[1]本文拟以网络空间著作权算法实施的实践和发展为例,首先分析信息网络空间科技与著作权法的积极互动,介绍科技发展对网络平台中著作权的算法实施的推动情况,分析在司法和立法中体现的,对于用户分享的内容,网络服务提供者在一定情况下自动审查和过滤用户上传的侵犯著作权内容的义务。接下来说明著作权法在网络平台中借助算法实施的必然性和积极意义,论述算法实施是信息网络空间法律实施的重要维度。最后,在智能社会相关法理信念的指引下,探索完善著作权算法实施的规制和辅助机制。

一、著作权算法实施的科技促成与法治推动

(一) 科技发展与网络平台中著作权算法实施的自发实践

回顾过往可见,技术的发展一直对著作权法有着重要影响,而互联网的迅猛发展更是带来了对著作权制度的不断挑战。Web1.0时期,互联网上网页的内容往往是由网页创建者自身提供的。Web2.0时期,网络平台为用户提供了丰富多样的表达自我、在线交流、分享内容等服务,普通用户可以非常方便地通过网络平台分享自己的观点、见闻、照片、视频,以

---

[1] 数字化复制和传播的便利,催生了各种技术保护措施和数字权利管理系统,著作权法也加入了禁止破坏技术措施等规定,也曾引起很多争议。See Maayan Perel and Niva Elkin-Koren, "Accountability in Algorithmic Copyright Enforcement", *Stanford Technology Law Review*, Vol. 19, (Spring, 2016), p. 484.

及进行集体创作。这一时期，互联网用户上传数据量开始持续上升，类似"人人都是创作者""每个人都是生活的导演"[1]等口号开始流行，互联网上的内容呈现出多样化的爆发式增长。

从20世纪90年代Web2.0的萌芽期开始，网络服务提供者对用户上传和分享的侵犯他人著作权内容的责任问题开始得到关注。美国的《数字千年版权法案》（以下简称DMCA）中确立的以"通知—删除"规则为核心的避风港规则，为我国及世界很多国家和地区所借鉴。即使在未规定避风港规则的国家，由于谷歌等一些美国网络公司的全球性实践，"通知—删除"规则也成为全球性标准。[2]在该规则下，网络平台不需要主动审查用户上传的内容是否侵犯他人著作权，除了在实际知道或依据红旗规则有理由知道侵权行为存在时应承担责任外，网络平台只需要承担基本的"通知—删除"义务。

"通知—删除"规则实施到今天，大型网络平台收到的要求删除侵犯著作权内容的通知数量已经相当庞大。根据早期研究，在2002年3月到2005年8月这3年多的时间里，谷歌仅收到了

---

[1] 当时中国较大的个人创作视频分享平台"土豆网"的宣传语即为"每个人都是生活的导演"。

[2] See Kris Erickson and Martin Kretschmer, "Empirical Approaches to Intermediary Liability", in Giancarlo Frosio (ed.), *The Oxford Handbook of Intermediary Liability Online*, Oxford University Press, Forthcoming 2019, Chapter 5, p. 3, https://papers.ssrn.com/sol3/papers.cfm?abstract_id=3400230. 谷歌2019年《透明度报告》记载："我们的政策规定，如收到指称相关网址涉嫌侵犯版权的明确通知，我们必须对其做出回应。我们在网络表单中指定的通知形式符合《数字千年版权法案》（《DMCA》）的规定，为世界各地的版权所有者提供了一种简单高效的举报机制。"https://transparencyreport.google.com/copyright/overview.

734条通知。[1]但根据谷歌2019年《透明度报告》[2]披露的数据,谷歌至今收到的以版权问题为由的删除通知已接近43亿条,其中有著作权人发送的通知,也有侵权举报组织发来的通知。"删除你的媒体有限责任公司(Remove Your Media LLC)"[3]仅在2017年2月13日一天就要求移除3 644 439个网址。[4]

通知数量的激增有两方面技术发展背景:一是用户上传和分享内容数量的增长。网络可及性和速度不断提升,数字化复制和辅助创作工具不断发展,人们可以随时通过移动互联网访问、复制和再分享版权内容,同时人们的表达习惯也随之变迁,很多用户开始用视频来记录生活和表达思想感情,其中很多用户也混合使用了他人拥有著作权的音乐或照片等元素。二是自动化侵权检测算法的运用。很多著作权人采用第三方机构提供的服务来进行侵权检测和通知发送。例如,前述曾在一天内给谷歌发送通知要求移除364万多个网址的"删除你的媒体"公司,可以提供"24/7/365自动监测"和发送侵权通知等服务。[5]再如,中国版权协会版权检测中心采用基于人工智能和云计算的版权内容指纹特征比对技术,提供不间断的版权监测、下线

---

[1] See Jennifer Urban and Laura Quilter, "Efficient Process or 'Chilling Effects'? Takedown Notices Under Section 512 of the Digital Millennium Copyright Act", *Santa Clara High Technology Law Journal*, Vol. 22, No. 4 (2006), p. 641.

[2] 参见"谷歌2019年'透明度报告'",载https://transparencyreport.google.com/copyright/overview.

[3] 删除你的媒体有限责任公司主页,载http://removeyourmedia.com.

[4] 这并非一个特殊的例子。再例如英国唱片产业(the British Phonographic Industry, BPI)有限公司仅在2017年5月22日一天就发送通知要求移除侵犯著作权的3 622 927个网址,等等。参见"谷歌2019年'透明度报告'",载https://transparencyreport.google.com/copyright/overview.

[5] 参见删除你的媒体有限责任公司的"解决方案",载http://removeyourmedia.com/solutions.

处理和版权预警等服务。[1]

面对海量的通知和著作权人的维权需要,一些企业已自愿采用著作权法规定的"通知—删除"之外的自动化侵权检测技术。YouTube 的内容身份（Content ID）系统是主动建设的自动化著作权侵权检测及处理系统的典型代表。国内许多大型平台也建立了不同程度和样态的自动侵权检测系统。例如,"百度文库"的版权作品过滤系统（"DNA 反盗版文档识别系统"）,微信公众号的原创声明制度等。因此可以看到,科技的发展为著作权算法的实施带来了可行性和切实需求。不论法律是否规定网络平台在一定条件下具有主动检测侵犯著作权内容的义务,自动化的侵权检测算法均已经在事实上被应用在平台之中。

(二) 网络平台中著作权算法实施的司法引领

随着技术的发展,美国的《数字千年版权法案》中的避风港规则的局限性日益显现。中国司法实践中对网络服务提供者是否构成共同侵权的判定标准的变化就是针对这一局限的创新,特别突出地体现在对"知道""应知"的解释上。

在《信息网络传播权保护条例》通过之初,中国法院普遍认同,网络服务提供者只要在用户通知网站上有侵犯其著作权的内容之后及时将相关内容删除,就可以免责,即不构成共同侵权。随着网络带宽的发展,支持用户上传和分享内容的视频

---

[1] 该中心网站中说明:"依托技术支持单位冠勇科技在人工智能、云计算、版权大数据分析等方面的先进技术,运用其自主研发的'指纹特征比对技术',为影视、体育、音乐、图文、游戏等类型作品,提供 7×24 小时不间断监测,监测范围涵盖 PC 端、移动端 APP、智能电视、机顶盒等全球网络播放平台,且针对公众号、云盘、聚合 APP 网络直播等新型平台使用版权大数据监测平台子系统进行分类监测,从亿万海量信息中快速确定侵权内容。"中心的服务内容还涵盖版权登记、互联网版权认证、电子取证等。参见中国版权协会版权检测中心主页,载 http://www.12426.cn/index.html。

分享平台开始在中国发展。司法实践开始重视电影等涉及利益较大、经济收益具有较高时间敏感性的作品的侵权救济问题。电影作品在影院上映后的那段短暂时间的票房是该类作品收入的最重要来源,下线后的一段时间则是在DVD市场、互联网点播市场上获得收益的峰值时期。如果著作权人仅能或主要是依据"通知—删除"规则来维护自己的权利,则其权利无法获得有效的保护。面对这一现实情况,中国一些法院对"应知"的判断进行了发展。例如,在"疯狂的石头案"、[1]"海角七号案"[2]等案件中,法院实际上对《信息网络传播权保护条例》中信息存储空间服务提供商免责条款规定的"不知道也没有合理理由应当知道"的要件进行了内涵更新式的解释,认定在即使权利人没有发送侵权通知的情况下,平台对自身是否存在热映电影也

---

[1] "新传在线(北京)信息技术有限公司诉上海全土豆网络科技有限公司侵犯著作权纠纷案",[2007]沪一中民五(知)初字第129号,[2008]沪高民三(知)终字第62号。该案一审判决指出,影视作品投资巨大,通常不会许可他人在互联网上免费提供视频,被告土豆公司是专业的影视网站,"理应对其所经营网站中的哪些内容可能涉嫌侵权有一个最基本的认知,如对前述电影作品特别是较热门的影片,土豆网公司应该意识到必然存在著作权问题,即在其应当知晓电影《疯狂的石头》系网络用户擅自发布仍不作删除处理的情况下,可以认定其存在主观过错"。并且,土豆网上的"土豆精彩频道"中设有"原创""影视"等分频道,说明该公司"也可以针对'影视'等存有极大侵权嫌疑之频道内的节目进行重点审核,以避免网站上存在明显的侵权信息。然而,从不同用户先后多次在'土豆网'上发布《疯狂的石头》之事实来看,被告应当并能够承担审查和删除义务而怠于承担"。

[2] "果子电影有限公司诉北京风行在线技术有限公司侵犯著作权纠纷案",北京市第一中级人民法院[2010]一中民初字第11821号。该案中,被告风行在线的P2P可以在"华语"栏目中搜索到《海角七号》,并且提供了宣称为计算机自动抓取的影片海报即基本信息介绍。法院指出:"影片介绍既可以适用于提供涉案影片全片的P2P文件,亦可以适用于提供涉案影片片断或片花的P2P文件,但鉴于上述不同类型P2P文件的大小并不相同,且其播放过程中所显示的片长亦不相同,而在现有技术下,被告完全可以较为容易地通过技术手段使得其搜索的P2P文件不包括涉案影片的全片,从而使得上述影片介绍并不适用于涉案影片的全片,但本案被告却未尽到这一合理注意义务。"

应进行审查和删除，以尽到合理的注意义务。再如，在 2012 年的"韩寒诉百度案"[1]中，一审法院指出："百度公司是否没有合理的理由应当知道其百度文库中的某文档侵权，而只能消极被动地等待权利人通知后再采取屏蔽、删除等措施制止侵权，本院认为不能一概而论。"在此案中，"韩寒为当代有影响力的知名作家，《像》书为其小说代表作"。韩寒曾多次通知百度公司百度文库中存在侵权作品，且曾作为作家代表之一与百度公司就侵权问题进行过谈判。因此，"百度公司对百度文库中侵犯韩寒著作权的文档应有比其他侵权文档更高的注意义务"，"既然百度公司提出在人工审核之后采用反盗版系统来制止侵权，故其应对该系统正常运行的需求进行必要的准备"。可见，法院对于反复投诉被侵权的知名作家的知名作品，认定平台应该具有更高的审查义务，针对未来的侵权也应积极采取具有合理水平的自动过滤措施。

2012 年发布的《最高人民法院关于审理侵害信息网络传播权民事纠纷案件适用法律若干问题的规定》（法释［2010］20号）[2]也对网络服务提供者的共同侵权的判定作出了进一步规定。该司法解释首先在第 8 条中否定了网络服务提供者具有一般意义上的审查义务。[3]同时，在第 9 条中规定，网络服务提供者是否对侵权行为构成应知，应综合考虑多重因素，其中包

---

［1］ "韩寒诉北京百度网讯科技有限公司侵犯著作权纠纷案"，［2012］海民初字第 5558 号。该案中，原告韩寒多次通知百度公司，百度文库中存在侵权作品。百度公司收到通知，也删除了投诉链接和相关作品，并且将投诉作品纳入文库反盗版系统正版资源库，但只是使用作者名加作品名称作为标题关键词进行文档屏蔽，故之后百度文库中仍然有侵权作品，只是标题不同。

［2］《最高人民法院关于审理侵害信息网络传播权民事纠纷案件适用法律若干问题的规定》（法释［2012］20 号）。该司法解释自 2013 年 1 月 1 日起实施。

［3］ 该条第 2 款规定，网络服务提供者未对网络用户侵害信息网络传播权的行为主动进行审查的，人民法院不应据此认定其具有过错。

括基于网络服务提供者提供服务的性质、方式及其引发侵权的可能性大小,应当具备的管理信息的能力,以及网络服务提供者是否积极采取了预防侵权的合理措施等。[1]可以看到,该司法解释并没有完全排除网络服务提供者在特定条件下的主动审查义务。在一些情形下,网络服务提供者没有进行主动审查,可能构成没有"积极采取预防侵权的合理措施",进而不能够适用《信息网络传播权保护条例》中的"通知—删除"免责条款。

综上所述,中国立法及司法实践并没有仅仅将网络服务提供者的共同侵权责任缩限在"通知—删除"规则和"红旗"规则上,而是通过对"应知"这一主观要件的解释为司法实践中对网络服务提供者共同侵权责任判断标准的发展提供了较大的空间。我国有研究者基于实践和法理分析,将网络服务提供者对知识产权的注意义务抽象为"服务类型、行为类型、权利客体、技术水平"的多因素判定法。[2]这呈现了判断规则复杂化和提高网络服务提供者注意义务标准的趋势。这一趋势随着网络技术及应用的发展日益清晰起来。

此类司法发展趋势并非中国独有,而是在很多国家和地区

---

[1]《最高人民法院关于审理侵害信息网络传播权民事纠纷案件适用法律若干问题的规定》第9条规定:"人民法院应当根据网络用户侵害信息网络传播权的具体事实是否明显,综合考虑以下因素,认定网络服务提供者是否构成应知:(一)基于网络服务提供者提供服务的性质、方式及其引发侵权的可能性大小,应当具备的管理信息的能力;(二)传播的作品、表演、录音录像制品的类型、知名度及侵权信息的明显程度;(三)网络服务提供者是否主动对作品、表演、录音录像制品进行了选择、编辑、修改、推荐等;(四)网络服务提供者是否积极采取了预防侵权的合理措施;(五)网络服务提供者是否设置便捷程序接收侵权通知并及时对侵权通知作出合理的反应;(六)网络服务提供者是否针对同一网络用户的重复侵权行为采取了相应的合理措施;(七)其他相关因素。"

[2] 参见司晓:"网络服务提供者知识产权注意义务的设定",载《法律科学(西北政法大学学报)》2018年第1期;田小军、郭雨笛:"设定平台版权过滤义务视角下的短视频平台版权治理研究",载《出版发行研究》2019年第3期。

都有所体现。[1]相关司法判决的发展,相当于要求特定的网络服务提供者对于已经接到过侵权通知的作品,不仅要处理通知中指出的侵犯著作权的文件,还需要对未来用户上传文件过程中的侵犯该作品著作权的行为予以积极监测和实时处理。由于这种实时检测不可能通过人工审查来及时完成,这就在客观上激励了网络空间中著作权的算法实施。

(三) 网络平台中著作权算法实施的立法推进及法理体现

前述我国司法解释是具有法律效力的文件,在现有法律框架下明确了平台审查义务的多因素判定法。而立法方面近期热议的焦点即为欧盟议会在 2019 年 3 月 26 日通过的《欧盟数字单一市场版权指令》(以下简称"版权指令")。[2]该指令第 17 条重塑了在线内容分享服务提供者的侵权责任判定规则。这一条款自草案建议出台以来就备受争议,因而,在 2019 年 3 月通过的版本中,多达 10 款条文集中体现了这一问题的众多要点。其基本规定及涉及的原则和法理如下:

(1) 版权指令将侵权责任规则的调整范围限制在"在线内容分享服务提供者",体现了自 DMCA 以来坚持的网络平台责任分类规定的基本原则。对网络服务提供者的责任分配和规制一般应根据对具体网络服务的分层分类予以考察。互联网上的协议是分层的,每层完成一定的功能,每层都直接为其上层提供服务。相应的,网络服务也是分层次的。如果参照云计算时代

---

[1] See Giancarlo Frosio and Sunimal Mendis, "Monitoring and Filtering: European Reform or Global Trend?", *Center for International Intellectual Property Studies Research Paper*, No. 5 (2019), pp. 6~16, https://ssrn.com/abstract=3411615.

[2] "Directive (EU) 2019/790 of the European Parliament and of the Council of 17 April 2019 on Copyright and Related Rights in the Digital Single Market and Amending Directives 96/9/EC and 2001/29/EC",第 17 条(在线内容分享服务提供者对受保护内容的使用)。

经典的三种服务模式划分,[1]可以分为基础设施层、中间平台层、软件应用层。不同层次和类型的网络服务提供者阻止直接侵权行为的成本不同。[2]同时,不同层次和类型的网络服务提供者对用户隐私保护、通信自由和通信秘密的影响程度不同。在搜索引擎、博客、微博、视频和短视频平台等应用层面,可以直接根据侵权通知提供的链接定位侵权内容,并容易区分网络服务中传输的内容是用户公开发布的内容,还是用户针对特定对象发送的具有私密性的信息。而基础设施和中间平台层如果想分析这些信息,则往往需要深入到原本不需要这一层次处理的内容,甚至破解不同应用传输的数据格式等,不仅成本高昂,还可能在甄别之前不得不扩大检查范围,分析处理用户的私密信息。

(2) 明确在线内容分享服务提供者需因用户上传和分享侵权内容而承担侵权责任,并确立新的免责条件。

新的免责条件包括三个要件:其一,在线内容分享服务提供者必须尽最大努力获得相关版权所有者的授权;其二,在线内容分享服务提供者必须尽最大努力确保那些权利人已经提供了相关和必要信息的作品无法被公众获得;其三,在收到权利人的充分证实的通知后,在线内容分享服务提供者必须迅速采取行动,禁止访问或从其网站上删除特定的作品,并进一步尽最大努力防止将来有用户上传该内容(即使得侵权内容"保持不上线")。本文认为这其中主要有三方面的法理体现:

第一,利益平衡原则及利益平衡关系的动态性。正如崔国

---

[1] 云计算中经典的三种服务即为:基础设施即服务(Infrastructure-as-a-Service, IaaS)、平台即服务(Platform-as-a-Service, PaaS)和软件即服务(Software-as-a-Service, SaaS),参见罗军舟等:"云计算:体系架构与关键技术",载《通信学报》2011年第7期。

[2] 这包括对技术本身的效率和成本的考虑,也包括对网络传输效率的影响的考虑。

斌教授所言："一旦技术进步或社会背景变化导致网络侵权的危害性或严重性、网络服务商履行注意义务的成本、版权人预防侵权的难度等关键因素发生变化，已有的利益平衡关系就可能被打破。"[1]面对技术的发展和利益格局的变化，版权指令对著作权人明确拒绝许可且提供了相关必要信息的情况，对在线内容分享平台规定了比"通知—删除"义务更高的审查义务，即对用户已提供相关的充分信息的版权作品，平台应尽最大努力确保未经许可不得将其向公众传播。

第二，版权指令提出将尽"最大努力"通过"专业勤勉度的高等级产业标准"来衡量，[2]是当前平台注意义务与行业技术发展相衔接原则的体现。基于谷歌的 YouTube 平台等已经自发进行的自动化算法实施产业实践，以及之前曾规定的"避免使用自动化内容屏蔽系统来定义最佳实践"的建议已经被从 2018 年 9 月的版本中删除这一情况，这将意味着要求在线内容分享服务提供者采取自动化的算法实施机制。[3]

第三，多元化权利保护机制对多元利益诉求的保障。[4]版权指令从过去"通知—删除"条款中规定的单一的事后删除措施，转变为更多元化的权利保护机制。现代技术和商业的发展

---

〔1〕 崔国斌："网络服务商共同侵权制度之重塑"，载《法学研究》2013 年第 4 期。

〔2〕《欧盟数字单一市场版权指令》第 17 条 4（b）款规定："made, in accordance with high industry standards of professional diligence, best efforts to……"

〔3〕 See Giancarlo Frosio and Sunimal Mendis, "Monitoring and Filtering: European Reform or Global Trend?", *Center for International Intellectual Property Studies Research Paper*, No. 5（2019），p. 26.

〔4〕 正如杨春福教授等所言："无论是行使权利还是追求利益，人们最终要达到的是一种满足的状态，即需要的满足……社会转型必然带来社会利益主体、利益需求的多元化……公民权利的保障应当是多元化的，既包括内容上的多元化，也包括权利保障方式上的多元化。"参见杨春福、王方玉："利益多元化与公民权利保护论纲"，载《南京社会科学》2008 年第 3 期。

为作品价值的实现提供了更多可能性。删除侵权作品未必是大多数著作权人的诉求,一些著作权人愿意以合理价格甚至免费许可他人使用和传播自己的作品。版权指令第17条体现了鼓励平台去努力获得对用户上传内容中使用版权作品的许可这一价值取向。平台基于对其网上版权的作品使用情况的分析和预测,可以主动与著作权集体管理组织和作者达成许可协议,从而达到降低市场交易成本、促进作品传播利用、增加著作权人收益等多重目标。这与著作权法促进作品创作、传播和利用的价值取向一致。

(3) 对不同主体利益权益的平衡考量。版权指令第17条规定了对小企业的竞争保护——放宽免责条件;[1]强调了对于公民的表达自由、信息自由权益的考虑——要求平台与著作权人的合作不得阻碍不侵权内容的上传,特别是要保障著作权法中设置的合理使用等例外机制,并要求成员国应规定,在因禁止访问或删除用户上传的作品或其他对象而引起争议时,在线内容分享服务提供者应为其服务的用户建立有效且迅速的投诉和补救机制。[2]

(4) 规定欧盟委员会将与成员国合作,组织相关主体开展关于最佳实践的对话,发布适用指南。

一些研究者指出,欧盟版权指令的规定与欧洲本土网络平台产业发展状况不佳直接相关。本文认为,在欧盟对网络服务提供者与著作权人获益的"价值差"的关注以及欧洲数字单一市场发展战略之外,为网络平台施加一定程度上的自动侵权检

---

[1] See "Directive (EU) 2019/790 of the European Parliament and of the Council of 17 April 2019 on Copyright and Related Rights in the Digital Single Market and Amending Directives 96/9/EC and 2001/29/EC",第17条第6款。

[2] See "Directive (EU) 2019/790 of the European Parliament and of the Council of 17 April 2019 on Copyright and Related Rights in the Digital Single Market and Amending Directives 96/9/EC and 2001/29/EC",第17条第7、8款。第8款特别强调不应导致给平台施加一般的监测义务。

测和处理义务也具有一定的必然性。在有意或无意之间，欧盟版权指令中引入的算法实施机制与智能社会法治机制的发展趋势相符合——在网络空间，许多事物和人们的行为都呈现出数字化特征，在适当条件下，法律的算法实施将是健全法治机制的必然要求。

二、著作权算法实施的必然性与积极意义

如上文所述，网络空间中著作权的算法实施是通过一些平台的自愿行动、司法和立法的促进所共同推动的，已经具有一些大规模网络平台的实践基础，体现了其可行性。崔国斌教授亦论述了版权内容服务者过滤义务的可行性和合理性，主要包含五方面理由：一是内容识别和过滤技术进步飞速，为规定过滤义务提供了可行性基础。二是开发和运营过滤系统需要一定的成本，而有些平台依靠盗版内容获利，权利人又在交易中处于弱势地位，这些问题使得平台普遍自愿建立侵权内容过滤系统开展合作的模式有时难以实现，需要将过滤规定为一种法定义务。三是技术基础已发生巨大变化，"通知—删除"模式已经不适应现状，司法实践已开始突破该模式。四是网络平台承担过滤义务的成本是在合理范围内的。五是过滤义务并不会过分侵犯用户的基本权利。技术的发展使得错误过滤的可能性较低，并且辅之以适当的人工举报和纠错机制，侵犯用户言论自由的可能性微乎其微。[1]除上述可行性及合理性理由之外，本文认为只要审慎发展和不断完善，网络空间著作权的算法实施还将

---

[1] 参见崔国斌："网络服务商共同侵权制度之重塑"，载《法学研究》2013年第4期。文中指出，以2010年的"剑网行动"等一系列行政执法为例，中国行政执法要求网站进行自查自纠，建立主动审查机制。"在行政执法的巨大压力下，主流视频网络服务商被迫对网站内容进行审查，差不多在一夜之间删除了绝大部分盗版视频。"

具有如下方面的必然性和积极意义:

(一) 推进网络空间治理现代化的必然要求

信息社会的发展需要与之相匹配的现代化法治能力。党的十九大报告指出,"必须坚持和完善中国特色社会主义制度,不断推进国家治理体系和治理能力现代化","提高社会治理社会化、法治化、智能化、专业化水平"。[1]科学技术的发展运用与现代化的关系密不可分。法治化、智能化的并进和融合是对推进包括网络治理现代化在内的国家治理现代化做出的重要部署。

代码/算法是网络空间人们行为规范的重要维度。美国著名的网络法和知识产权法学者莱斯格教授曾强调:"代码就是法律(Codeis Law)。"[2]莱斯格教授论述了在网络空间中,代码正如物理空间中的街道建筑等架构一样,与法律、社会规范、市场等机制一起构成影响人们行为的重要因素,并描述了网络空间从无规制状态到规制状态的转变情况、必要性、途径和问题。人工智能技术的发展为网络空间中的算法实施提供了更有力的支撑和更广阔的可能性。

从著作权领域平台责任的界定来看,自网络平台和数字化技术发展以来,为应对不断涌现的网络著作权侵权问题,加强网络平台在一定前提条件下的主动监测义务,不仅是欧盟地区在立法层面的率先举动,也是世界许多国家和地区在司法中呈现的发展趋势。

从不同法律间的横向比较来看,在我国的其他法律法规中也可以看到对法律的算法实施的隐形要求。例如,今年8月通

---

[1] 习近平:"决胜全面建成小康社会 夺取新时代中国特色社会主义伟大胜利——在中国共产党第十九次全国代表大会上的报告",载http://www.xinhuanet.com//politics/19cpcnc/2017-10/27/c_1121867529.html.

[2] [美]劳伦斯·莱斯格:《代码2.0:网络空间中的法律》,李旭、沈伟伟译,清华大学出版社2008年版,第6页。

过、自 10 月 1 日起开始实施的《儿童个人信息网络保护规定》规定了在通过网络对儿童（即未满 14 周岁的未成年人）的个人信息进行收集、存储、使用、转移、披露等活动时应遵守的一些规范。这意味着，网络平台在功能设计之中有必要通过建立机制和算法，来对用户年龄进行识别判断及基于年龄进行不同的处理。[1]

由此可见，不论是从党和国家政策的引领、信息网络空间法律与科技结合的治理范式的发展、不同国家和地区之间相关司法实务的横向比较，还是从我国其他法律规定的比较来看，法律的算法实施均是网络空间治理现代化的必然趋势。

(二) 缓解司法诉讼压力的重要路径

如果关注到互联网时代以来著作权纠纷的发展情况，我们更能认清算法在著作权实施和纠纷解决中应该担当的重要角色。互联网的持续蓬勃发展使网络空间日益成为人们日常活动的重要场所，使人与人之间的关系日益网络化。在很大程度上，这种发展使人与人的关系和互动克服了空间甚至时间的限制，但也可能带来更多的摩擦和冲突。"技术的发展导致产生了数量惊人的纠纷，造成了法院和替代性纠纷解决机制的供给不足。"[2]北京互联网法院自 2018 年 9 月成立以来，仅一年时间就受理了多达 26 607 件涉网著作权纠纷。[3]网络著作权纠纷数量激增给

---

[1] 具体如何在网络空间区分儿童与非儿童，该规定目前没有具体规定。算法复杂程度可能具有很大差异，最简单的算法可以仅要求上传身份证并基于身份证信息进行识别；复杂一些的实施方案还可以结合人脸识别等人工智能算法，以及结合对用户在网络空间的行为等数据的分析和实时判断。由此也引起了产业界关于判断算法及其适当性、合法性的讨论。

[2] [美] 伊森·凯什、[以色列] 奥娜·拉比诺维奇·艾尼：《数字正义：当纠纷解决遇见互联网科技》，赵蕾、赵精武、曹建峰译，法律出版社 2019 年版，第 63 页。

[3] 参见北京互联网法院《北京互联网法院审判白皮书》2019 年 9 月 3 日。

司法资源和司法需求造成了强烈冲击,"案多人少"日益成为棘手问题。如何有效应对数量如此庞大的纠纷,已成为理论界与实务界的一项研讨热点。

通过技术辅助和流程优化来提高法官群体的审判效率,是解决这一问题的首要思路。然而,正如傅郁林教授所指出的:"我国普通案件的个案审理效率和速度已接近法官主观努力的极限,司法效率的提升空间已接近边际。"[1]法官人数增长的速度无法赶上现实纠纷增长的速度。而社会快速发展使新型纠纷大量涌现,致使法官承担了过重的压力,无法更好地发挥其面对新型纠纷时应起到的解释和发展法律适用的关键作用。同时,仅仅凭借司法效率的提升和司法资源的增加也会使得一些原本未必会诉诸司法诉讼的边际纠纷大量进入法院,因而并不能系统性地解决"案多人少"的问题。可以看到,近年来,党、政府和法院系统都日益重视多元化纠纷解决机制,强调多元化纠纷解决机制改革是"促进社会公平正义的必然要求",是"实现国家治理体系和治理能力现代化的重要内容"。[2]

在网络空间中,对用户上传侵犯著作权内容的算法检测和自动化处理可以成为预防和解决著作权纠纷的有效辅助机制,

---

〔1〕 参见傅郁林:"中国司法管理的民事审判视角",载傅郁林、[荷]兰姆寇·凡瑞主编:《中欧民事审判管理比较研究》,法律出版社2015年版,第253、254页。

〔2〕 2014年10月,中国共产党第十八届中央委员会第四次全体会议审议通过了《中共中央关于全面推进依法治国若干重大问题的决定》。其中强调:"健全社会矛盾纠纷预防化解机制,完善调解、仲裁、行政裁决、行政复议、诉讼等有机衔接、相互协调的多元化纠纷解决机制。"2015年10月13日,中央全面深化改革领导小组第十七次会议审议通过了《关于完善矛盾纠纷多元化解机制的意见》。2016年6月28日,最高人民法院发布了《最高人民法院关于人民法院进一步深化多元化纠纷解决机制改革的意见》,强调畅通纠纷解决渠道,合理配置纠纷解决的社会资源等重要问题。

将一大部分事实清楚、法律适用简单的关于用户上传内容的著作权侵权纠纷通过自动化算法加上人工纠纷解决机制来解决,可以减少发生纠纷后需要诉诸法院的案件数量,也可以使得网络著作权领域大量由于成本、时间、取证难度等原因未能诉诸司法解决的纠纷得到有效的解决和救济。通过数据分析,平台还可以更好地分析和预测用户上传内容中常见的作品和使用时间周期,进而可以考虑通过事先与著作权人进行沟通和对接,积极获得著作权人的许可,进一步预防和解决著作权纠纷。这样前置地建立在平台基础上的在线纠纷解决机制可以更多地缓解法院的审判压力,进而使法官可以有更多的精力集中在复杂的或是在法律上有特殊意义的案件之上,更充分地发挥法官在法治之中的关键作用。[1]在技术和社会发展变化非常迅速的当下,更需要缓解大量诉讼带来的司法压力,保障法官可以更好地发挥主观能动性,积极通过科学的法律解释和适用来弥补社会发展速度与法律发展速度之间的落差,更好地实现良法善治。

(三) 完善著作权人权利保护的创新机制

网络平台和信息技术的发展,使著作权人可能更便利地找到作品的使用者,也使著作权人和潜在被许可方之间有机会以更低的成本达成许可协议。著作权许可中交易成本的显著降低,不但有利于著作权人从更多的途径获得许可费或其他作品相关收益,也有利于作品的传播与促进演绎作品的创作,对于实现

---

[1] 法官担负着科学地解释发展法律、填补法律空白的重要作用。如卡多佐所述,(大陆法系一个学术流派认为)"这些制定法经常支离破碎、考虑不周并且不公正。因此,法官作为社会中法律和秩序之含义的解释者,就必须提供那些被忽略的因素,纠正那些不确定性,并通过自由决定的方法——'科学的自由寻找'——使审判结果与正义相互和谐"。参见 [美] 本杰明·卡多佐:《司法过程的性质》,苏力译,商务印书馆 1997 年版,第 5 页。

著作权法的立法目的具有积极的促进作用。

禁止作品的复制和传播未必符合著作权人的最大利益。著作权人会基于众多因素来综合考虑自己期望的对著作权的利用方式。但著作权人在社会运作的传统机制中，既缺少向公众明确表达自身许可意愿和许可条件的便利途径，也缺乏了解广大社会公众中分散的潜在被许可者的信息流通机制。类似的，对于作为有获得许可意愿的普通作品的潜在使用者而言，也同样面临过高的交易成本。

知识共享组织（Creative Commons，CC）是最先致力于通过信息技术解决一部分文学艺术著作权许可问题的组织。[1]知识共享组织受启发于开源软件社区，通过提供常用的格式化的许可协议，普通用户都比较容易理解的、标签化的许可条件及许可内容组合，及与一些内容分享平台合作，为著作权人提供一种表达自身许可意愿、条件和内容的机制，使网络用户可以方便地了解著作权人是否同意免费许可他人传播自己的某一作品，或者基于该作品进行再创作。[2]知识共享组织通过一个信息表达层或者说一个虚拟的平台，在著作权人和潜在被许可方之间建立了一条信息桥梁。

YouTube的内容身份系统则由具有比较充分的著作权证明的权利人向YouTube提交他们希望在YouTube上搜索的作品（参考文件）；YouTube将其加入自身维护的参考文件数据库中；用户上传文件时，YouTube就在上传的文件和YouTube参考文件数

---

〔1〕 关于知识共享组织的具体情况，参见https://creativecommons.org.

〔2〕 典型的知识共享协议包括四项核心要素（是否要求署名、是否限制为非商业性使用、是否禁止演绎、是否要求以相同方式共享）。例如，如果某著作权人愿意免费许可他人为非商业用途传播自己的作品，但禁止进行演绎，就可以选择"署名—非商业性使用—禁止演绎"这一协议，并将该许可协议的标识和对应的格式化许可协议链接附着于作品进行传播。

据库中的文件之间自动进行比对；如果发现相同文件，即通知著作权人并按照著作权人事前的选择，将视频静音（如果是视频背景音乐侵权）、屏蔽整个视频、许可继续使用并获得广告分成、追踪该视频的浏览统计数据等。[1]

知识共享组织和 YouTube 内容身份系统的实践为著作权人提供了更加多元化的权利保护机制。其实践也反映了著作权人对多元化权利保护机制的切实需求，以及在大众创新时代普通公民对基于他人作品进行再创作和接续表达的大量需要。

（四）保护智能社会公民权益的实践探索

算法权力与算法规制是智能社会治理的焦点问题之一。正如权利与义务相伴，权力的行使与规制不可分割，著作权的算法实施与算法规制是智能社会治理的一体两面，也必然是相辅相成、密不可分的。只要人们运用算法来设计法律实施和纠纷预防机制，就一定会出现许多亟待解决的问题。在平台算法应用中，著作权的算法实施可能会出现算法错误、算法歧视、算法黑箱、算法误用或滥用等问题，因而可能对一般公众和弱势群体造成不利影响。为此，一些研究者针对 YouTube 内容身份系统的运行实践进行过深入研究，并提出从算法透明、正当程序、公众监督等维度评估及加强可问责性。[2]应该看到，正如前所述，即使不采用算法实施，传统实施也具有自身非常突出的局限性和问题。而且，从当前实践情况来看，算法必然会出现错误这一问题，并不能成为否定算法辅助检测侵犯著作权内

---

[1] 具体运作机制，参见 "How Content ID Works"，载 https://www.youtube.com/watch? v=ij8ze4QM474.

[2] See Maayan Perel and Niva Elkin-Koren, "Accountability in Algorithmic Copyright Enforcement", *Stanford Technology Law Review*, Vol. 19, (Spring, 2016), pp. 493~496.

容的理由。[1]

20世纪末，赫尔曼·吕伯（Hermann Lübbe）就已指出当下时态的不断萎缩。[2]"当下"是（过去）经验范围和（未来）期待范围正重叠发生的时间区间。[3]人类社会对于法律的算法实施和算法的法律规制都缺少经验。但这二者均是智能时代社会良好运行和治理的重要基础。从一些具有迫切需要且具有较为成熟的技术条件的领域开始论证及实践，是累积经验、探索方法和建立理论的重要过程。网络平台上侵犯著作权行为的监测和疏导正是这样的领域之一。

三、著作权算法实施的规制机制及其法理基础

基于上述分析和认识，本部分拟从智能社会及其治理的法理信念出发，对网络空间著作权算法实施的规制机制进行初步探讨，并为一般算法实施的规制提供理论参照。

---

〔1〕 第一，在当前立法并未明确要求使用侵权检测机制的情况之下，很多大型平台已经自发地采用了算法检测手段。这一方面表明了实际存在这方面需要，另一方面也说明，即使法律不强制规定平台应在一些情况下采用算法辅助手段，这类算法也在网络空间存在，在事实上会影响人们对于自己创作内容的上传和发布，应该引起法律规制方面的研究和回应。关于著作权领域算法的法规和研究从未提出绝对禁用算法，因为正如前所述，算法的运用是网络空间发展的必然结果，也具有必要性。既然算法使用必然存在，法律必然要探讨是否需要以及应该如何对一部分平台中已经采用的这类算法进行规制，那么是否引入一定条件下的平台自动检测义务，也只是在实际上可能增加这类算法规制的研究和适用对象，而积极意义是可以帮助更多著作权人便利地进行维权和进行作品许可，并且可以更为系统地研究算法实施的前提条件与应有约束。第二，即使平台自身不使用算法检测技术，实践中也存在了很多侵权检测工具和服务平台，帮助著作权人海量发送通知，平台仍然需要依法进行删除和通知处理。

〔2〕 参见［德］哈特穆特·罗萨：《新异化的诞生：社会加速批判理论大纲》，郑作彧译，上海人民出版社2018年版，第17页。

〔3〕 参见［德］哈特穆特·罗萨：《新异化的诞生：社会加速批判理论大纲》，郑作彧译，上海人民出版社2018年版，第17页。

恰当的算法规制是保障网络空间中著作权的算法实施良性运作的基础。[1]规制机制的构建离不开智能社会的法理指引。智能社会的法理有别于农业社会、工业社会的法理。面对网络和智能化信息技术带来的新的权力现象、权利义务的关系，面对智能体加入后带来的人与人、人与社会关系的复杂性，面对科技发展带来的新的治理需要和路径，需要在传统法律原则、法治框架的基础之上，在智能科技革命引发的总体性社会变革的背景之中，审视和发展新的具有时代性的法理，去指引智能社会的算法实施和规制机制。

在内容分享平台算法实施的规制机制方面，除本文已经陈述的平台责任的分层分类确定原则、平台注意义务与行业技术发展相衔接原则等法理信念和命题之外，还应重视如下法理信念和命题：

（1）信息的合法高效流通原则。信息的高效流通利用对智能社会的发展具有至关重要的意义。法治建设不能简单考虑在何种条件下需要禁止信息流通，而更应关注于如何更好地保障和促进信息的合法高效流通。在信息海洋中，算法是信息合理流通的关键，因此，促进信息合法高效流通也是算法规制中不容忽视的重要原则。

（2）算法权力与公权力、私权利平衡原则。算法的运用可

---

[1] 尽管有研究者强调算法透明的重要意义，See Maayan Perel and Niva Elkin-Koren, "Accountability in Algorithmic Copyright Enforcement", *Stanford Technology Law Review*, Vol. 19, (Spring, 2016), pp. 478~480. 但本文认为，对于著作权侵权判断而言，由于最终的判断标尺仍然是依据著作权法中确立的规则进行判断，因此在当前的侵权责任框架下，不宜强制要求算法内部细节的透明性，只需要平台及法院在遇到争议时可以根据法律予以解释即可。更为重要的是建立健全正当程序和有效的公众监督机制。在当前的实践之中，最为关键的是赋予被控侵权方以对抗算法决策的实质权利，同时针对目前常见的问题促进一些辅助机制的建设。

能形成新型权力，算法规制需要着眼于传统公权力、私权利与新型私权力的重新平衡调整，[1]关注商业利益为主要导向的算法决策中的公益矫正，重视已有丰硕积淀的相关法理在新的权力格局以及权力与权利、权利与权利关系中的运用。

（3）共享经济、新零工经济的"助推型"治理理念。网络平台和智能算法推动了共享经济、新零工经济的发展，使闲置资源在供方与需方之间得到精准配置，帮助实现"按需分配"，也增加了劳动力市场的灵活性，[2]促进了资源整合、机会公平、权利自由、效率效益和社会进步。[3]法治建设理念宜采取一种助推型的思维，[4]应充分考虑算法规制机制对新零工经济的影响。

（4）"共建共治共享"的社会治理理念。[5]"共建共治共享"的社会治理理念对法治建设提出了引领性要求，包含着丰

---

[1] 这方面在国内外均有较多讨论，See D. Desai and J. A. Kroll, "Trust But Verify: A Guide to Algorithms and the Law", *Harvard Journal of Law and Technology*, Vol 31, No. 1 (2018), pp. 6~28；参见［英］阿里尔·扎拉奇、莫里斯·斯图克：《算法的陷阱：超级平台、算法垄断与场景欺骗》，余潇译，中信出版社2018年版；张凌寒："算法权力的兴起、异化及法律规制"，载《法商研究》2019年第4期；齐延平："论人工智能时代法律场景的变迁"，载《法律科学》2018年第4期；马长山："智慧治理时代的社会组织制度创新"，载《学习与探索》2019年第8期。

[2] 参见董成惠："共享经济：理论与现实"，载《广东财经大学学报》2016年第5期；郑祁、杨伟国："零工经济的研究视角——基于西方经典文献的述评"，载《中国人力资源开发》2019年第1期。

[3] 参见马长山："智慧社会建设中的'众创'式制度变革——基于'网约车'合法化进程的法理学分析"，载《中国社会科学》2019年第4期。

[4] 参见丁晓东："平台革命、零工经济与劳动法的新思维"，载《环球法律评论》2018年第4期。

[5] 党的十九大明确提出了"打造共建共治共享的社会治理格局"的战略部署。参见习近平："决胜全面建成小康社会 夺取新时代中国特色社会主义伟大胜利——在中国共产党第十九次全国代表大会上的报告"（2017年10月18日），参见"How Content ID Works", pp. 75~97, 载 https://www.youtube.com/watch?v=ij8ze4QM474.

富内涵。有学者指出,"共建共治共享"是反身法的基本理念之一。在需要大量专业技术知识和充分自主发展空间的复杂社会领域,特别需要致力于法律与社会共同演化的"反身法"来"实施间接政府干预,刺激信息社会建立自我反思机制,有效提升其自治能力"。[1]在算法实施和规制中,应注重考虑以下方面:首先,智能社会的法律治理和技术治理的二元共治应同步发展、有机结合;[2]其次,法治对技术支撑的需求,应通过更好地调动掌握先进技术的企业的积极性和参与性来推进,调动更多的社会主体共同建设;再次,应依托信息技术建立社会公众良好参与的在线多元化纠纷解决机制;复次,应充分考虑政府、企业等不同主体的能力和优势,形成多元共治格局,使政府也在治理中更科学地承担相应的义务;最后,智能社会的建设进程应包容审慎地对待活跃在时代前沿的产业界在创新、竞争及合规努力中的"基于新技术、新业态和新机制的'众创'试验式的规则生产"[3]活动,进而使法治可以在必要处突破旧有机制和思维的束缚,更好地面向未来、走向未来、引领未来。[4]

以上述法理为基础,初步的著作权算法实施的规制及辅助机制建议如下:

---

[1] 参见陆宇峰:"信息社会中的技术反噬效应及其法治挑战——基于四起网络舆情事件的观察",载《环球法律评论》2019年第3期。
[2] 参见郑智航:"网络社会法律治理与技术治理的二元共治",载《中国法学》2018年第2期。
[3] 参见"How Content ID Works", p.48,载https://www.youtube.com/watch?v=ij8ze4QM474。
[4] 参见张文显:"何谓'未来法治'?——在首届'数字经济与未来法治'高峰论坛上的发言",载http://lti.ruc.edu.cn/sy/xwdt/ca6f8eb74f6044cd9bc66723d9254786.htm。

(一) 构建用户与平台之间新的利益平衡机制

在算法权力与公权力、私权利平衡原则下,需关注信息网络平台的算法权力、平台与用户利益失衡、平台上不同主体之间的利益失衡问题和重建机制。当前的一个问题是,尽管著作权法明确规定了合理使用等对著作权的限制,并规定了"反通知—恢复"机制,但在当前的实践中,用户仍缺乏足够有效的途径来主张自己对版权作品的使用并不侵权。一些研究者指出,虽然,我国《信息网络传播权保护条例》中确立了"通知—删除—反通知—恢复"的机制,但"反通知"机制并没有充分发挥其预设功能。"在著作权领域,被移除内容的用户通常没有足够的经济动力去要求保留原有内容","对于不构成侵权的声明和反通知,不仅需要准备相应的不侵权证明材料,还需要披露用户的真实身份信息等,而获得的收益仅为恢复其发布的内容"。[1]在YouTube的内容身份系统的自发算法过滤实施中,虽然建立了一定的异议机制,但很多用户并不清楚自己关于提出异议的权利。并且,通知的内容比较含糊,接到通知者很难了解侵权原因,难以提出有效的异议。[2]同时,由于著作权人并未实际参与过滤,无法对之起诉,而平台则可能受到"用户协议"的保护,用户也缺乏明确的请求权来对抗平台的决策。[3]因而造成了在既有法律实践中,上传和分享内容的用户普遍缺乏对抗平台侵权的判断决策能力。在激励更多平台引入自动化侵权检测和处理系统后,可能引起更明显的利益失衡。因此,

---

[1] 参见刘晓春:"《电子商务法》知识产权通知删除制度的反思与完善",载《中国社会科学院研究生院学报》2019年第2期。

[2] See Maayan Perel and Niva Elkin-Koren, "Accountability in Algorithmic Copyright Enforcement", *Stanford Technology Law Review*, Vol. 19, (Spring, 2016), p. 508.

[3] See Maayan Perel and Niva Elkin-Koren, "Accountability in Algorithmic Copyright Enforcement", *Stanford Technology Law Review*, Vol. 19, (Spring, 2016), p. 508.

在允许平台进行算法侵权检测的情况下，应明确赋予用户对请求平台自己上传的、未侵犯他人著作权的内容请求予以恢复的权利，规定平台尽最大努力对侵权检测算法的检测结果、"合格通知"及用户"合格反通知"进行积极认定和处理的义务。具体机制的设计并非易事，应充分激励网络平台等社会主体依托自身在商业实践中的经验和技术上的优势，积极在机制和算法层面开展创新，逐渐产生更加合理、可行的规则。[1]在智能社会建设进程中，这种"众创试验的规则生产路径"[2]也是"共建共治共享"的社会治理理念的体现。

（二）构建超越"过滤义务"的多元共治机制

"信息的合法高效流通原则"要求在考虑算法实施和规制的相关法律制度时，充分考虑著作权法鼓励作品创作、传播和利用的立法宗旨，以及技术发展带来的新的实现该宗旨的路径。尽管在理想情况下，在法律规定网络服务提供者具有"过滤义务"的基础之上，作者可以积极与网络服务提供者协商并签订合同，告知自身的许可意愿及对于侵权作品的处理方式，但从中国的实践经验可以看到，如果在立法中单一地强调网络服务提供者的"自动过滤义务"，则可能导致行政执法采取过于简单的立场，过度强调"删除"所有侵权作品。网络服务提供者在行政执法的压力之下，亦非常可能倾向于直接删除侵权作品以

---

[1] 这方面的讨论可以参考刘晓春老师对于知识产权通知删除规则的建议，即"可以通过在司法实践中，认可平台对于'合格通知'和'合格反通知'构成要件进行认定的裁量权，给予平台较为宽松的认定空间，通过对于'通知'和'反通知'的认定"，"由平台发挥更加积极的角色和作用"，同时"司法实践有必要保持一定的谦抑性，对于平台能够提供合理性解释的制度创新和算法过程给予充分尊重"。参见刘晓春：《〈电子商务法〉知识产权通知删除制度的反思与完善》，载《中国社会科学院研究生院学报》2019年第2期。

[2] 参见马长山："智慧社会建设中的'众创'式制度变革——基于'网约车'合法化进程的法理学分析"，载《中国社会科学》2019年第4期。

避免共同侵权责任,而非再致力于提供作品许可机制和渠道。同时,在处于侵权与合理使用之间的灰色地带时,著作权人和分享内容的用户可能通过便利的许可渠道达成许可合意。在很多情况下,用户也可以更好地基于在前人作品基础上的演绎来使用多样化的形式表达自己的观点。因而,若仅仅规定"自动过滤义务",将浪费信息技术发展可能提供的建立在著作权人与作品潜在使用者之间的许可渠道,进而反而可能影响著作权人的直接经济收益和间接声誉收益,亦不利于实现著作权法促进作品传播、促进新作品创作的立法目的。欧盟版权指令也在过滤义务之外,强调了平台努力获取许可的义务,但与YouTube的实践类似,欧盟的规定可能使平台要求著作权人在事前就确定是否许可,可能会剥夺著作权人根据个案情形选择不同策略的机会。[1]因此,基于当前的实践情况,中国在未来的著作权法修改中,应注重激励信息存储服务提供者[2]采取积极的上传审查措施,并对于有许可意愿但不愿进行一揽子许可的著作权人,根据具体作品的使用情况来征求著作权人的许可意愿和希望进行的处理,而非简单地规定"自动过滤义务"。这是在新技术背景下,对促进网络服务提供者、著作权人和社会公众之间合作的立法精神的体现,也是面对互联网上异常活跃的大众创作的社会现实,对共享经济、新零工经济的"助推型"治理理念的体现。

---

[1] 参见黄炜杰:"屏蔽或变现:一种著作权的再配置机制",载《知识产权》2019年第1期。
[2] 我国《信息网络传播权保护条例》中规定的信息存储空间服务提供商,指"为服务对象提供信息存储空间,供服务对象通过信息网络向公众提供作品、表演、录音录像制品"的网络服务提供者。参见《信息网络传播权保护条例》第22条。即类似于欧盟版权指令中的在线内容分享服务提供者。

（三）构建著作权状态及归属的公信认证机制

著作权状态及归属的确认是建立在线作品使用许可渠道的重点和难点所在。在 YouTube 等一些平台的实践中，相对于大型媒体公司或知名创作人，普通用户上传的作品往往因难以确认权属而较难得到平台的自愿保护。微信公众平台的原创保护是改善这一问题的一种创新机制，但网络空间仍有大量用户的创作内容难以维权。"视觉中国"引起的社会争议[1]更在一定程度上破坏了中国公众对于在线作品使用许可付费机制的信心。

共享经济、新零工经济的"助推型"治理理念和"共建共治共享"的社会治理理念，要求构建著作权状态及归属的公信认证机制。建立具有更高公信力的著作权人身份及其授权条件认证机制，对于建立高效、顺畅的在线作品使用许可机制具有重要意义。许多人士都提出了建立"版权区块链"的倡议。可以在新作品登记时，将其与作品库中既有作品进行比对，如果不存在相同或相似作品，则可高正确概率地确定该作品系登记者创作的作品。但鉴于公有链的高成本等问题，一些人士建议建立由国家版权局、集体管理组织或网络平台等主体组成的"联盟链"。[2]目前，杭州互联网法院、北京互联网法院都在一定程度上支持了具有一定条件的区块链存证。[3]

当然，著作权的任何电子存证机制都有存在错误的情况，正如同线下著作权登记者可能被事后证明并非真正的著作权人。但这一情况的发生具有较小的概率，行业实践者也可以考虑通

---

[1] 参见张鑫、李铁柱、屈畅："'黑洞'照片引爆视觉中国版权争议"，载 http://www.xinhuanet.com/legal/2019-04/12/c_1124355839.html.

[2] 参见李冬妮："联盟链更适合应用在版权保护领域"，载 http://baijiahao.baidu.com/s?id=1601159760581851259&wfr=spider&for=pc.

[3] 参见 http://www.iprchn.com/cipnews/news_content.aspx?newsId=109595, https://baijiahao.baidu.com/s?id=1620644652393808739&wfr=spider&for=pc.

过保险等机制来分散风险。

（四）构建争端解决的"在线合议"机制

自动化侵权判断机制的最大争议在于，其可能使一些原本应属于合理使用的作品利用情形被误判为侵权。这一问题的缓解一方面有赖于不断改进判断算法；另一方面，规模较大的平台可以通过建立在线纠纷解决机制来予以加强。这与人工智能发展中的"混合智能"的发展思路一致，即使得机器和人均能充分发挥各自长处，合作解决一个特定问题。例如，ebay、亚马逊等平台早已发展在线争端解决机制中的"众包"（clowd sourcing）机制，[1]我国的淘宝等平台也开展了"大众评审"等类似的实践探索。[2]微信公众平台的"洗稿"投诉合议规制也得到了关注。[3]建立这种机制，对于可比较明确地界定为抄袭或侵犯著作权的作品，微信平台将直接判断处理；对于有争议的疑似侵权作品，微信平台提供"投诉合议"机制，即经投诉方确认发起公开投诉、被投诉方确认回应后，将邀请微信"洗稿投诉合议小组"作出客观的评定。字节跳动则在内部审查流程中建立了"机器审查+多人合议+异议复审"的机制，即将机器自动审查判定存在问题的内容分发给至少两名审查员分别审查，如果人工审查意见不一致则再进行复审。类似的人工争议合议机制可以作为机器判断的有益补充，对于进行更为接近法律的判断、减少维权成本、缓解法院诉讼压力均有积极意义。这也是对"共建共治共享"的社会治理理念在实践中的落实发展。

---

〔1〕 参见［美］伊森·凯什、［以色列］奥娜·拉比诺维奇·艾尼：《数字正义》，赵蕾、赵精武、曹建峰译，法律出版社2019年版，第63页。

〔2〕 参见"大众评审"，载 https://pan.taobao.com.

〔3〕 参见"给微信点赞！针对'洗稿'问题，公众平台上线洗稿投诉合议机制"，载 https://baijiahao.baidu.com/s? id = 1618906340787036503&wfr = spider&for = pc.

结　语

中国司法实践及司法解释已对一些情形下的网络服务提供者施加了主动审查义务。在当前信息技术发展的背景下，自动侵权比对、在线实时支付、区块链存证等技术可以为建立更加高效的作品在线许可机制提供有力支撑。为了更好地实现著作权法促进作品创作、传播的立法目的，更加便利在新技术条件下的大众创作，在中国未来著作权法的修改中，应该明确规定具有一定规模的网络服务提供者应采取积极的上传审查措施，并明确征求著作权人的许可意愿和希望进行的处理，而非简单地规定"自动过滤义务"。20 年前，美国在制定 DMCA 时提出，相信"避风港规则"可以提供一种良好的合作机制，[1]使作者和网络服务提供者共同发现和制止侵权。在当前智能技术发展的背景之下，我们应重视信息的合法高效流通原则，算法权力与公权力、私权利平衡原则，共享经济、新零工经济的"助推型"治理理念、"共建共治共享"的社会治理理念等新时代的法理，在合作主义视角下构建网络服务提供者的共同侵权责任规则，激励网络服务提供者利用新技术，来帮助建立有效的作品许可渠道，帮助提升著作权人的收益，促进作品的传播和积极利用，促进文化建设，建设文化强国。

我们已经跨入智能时代。著作权的算法实施及其规制只是这逐渐展开的崭新的宏大时代的一个小小的剪影。从这个剪影我们足以认识到，与传统的法律实施机制类似，法律的算法实施具有一定的合理性和积极意义，但同时也具有其自身的局限性。我们亦将形成某些共识：智能时代需要探索出与这个时代

---

[1] 参见"The U. S. Senate Report No. 105-190", 1998, p. 45, 载 http://www.gpo.gov/fdsys/pkg/CRPT-105srpt190/pdf/CRPT-105srpt190.pdf.

本质特征和发展趋势相匹配的法治理论和法律实施能力；算法在智能时代的法治建设中具有不容忽视的独特价值，必须被智能时代法律制度的构建者和法治社会的建设者所正视和重视。在这一领域中，我们可以在既有的制度、理论和分析框架之上加以发展，并为缺少经验的世界提供中国经验和中国方案。在社会发展日新月异的时代，法治建设要把握过去、现在与未来的历时连续性，面向未来、立足当下，从具有迫切需要且具有较为成熟的技术条件的领域先开始实践，累积经验、探索方法、建立理论，逐步建立健全与社会发展相匹配的法理体系和法治体系。

张吉豫："智能社会法律的算法实施及其规制的法理基础——以著作权领域在线内容分享平台的自动侵权检测为例"，原载《法制与社会发展》2019年第6期。

自动化决策、刑事司法与算法规制
——由"卢米斯案"引发的思考

江 溯

摘要:"卢米斯案"引发了算法规制问题的广泛讨论。多数学者认为,该案判决低估了算法的准确性、歧视性和透明度风险,高估了法官识别算法风险的能力。为了应对普遍的算法风险,GDPR 引入了算法可解释性规则,但在解释论构造、正当性、可行性和有效性等方面均存在争议。尽管学界对算法规制的具体进路看法不一,但在算法透明原则方面达成了共识。我国应当采取立法、司法与行业自律并行的算法规制策略。立法者应当制定场景化的算法透明和责任规则。在司法领域,要明确算法决策仅具有辅助性地位,不能替代人类法官进行判案,并设计出更为精细的算法透明制度。此外,还应当鼓励行业内部协商制定伦理标准和技术标准。

关键词:自动化决策;算法规制;正当程序;刑事司法;算法透明;算法正义

引 言

近年来,人工智能成为引爆第四次工业革命的重要力量。我国作为人工智能发展迅速的国家,在政策上一直鼓励相关产业的发展，并希望以此为各行各业赋能，推动产业结构优化升级。人工智能作为新生事物，在改变社会生活面貌的同时，也为各个行业带来了新的风险。当新兴的人工智能与古老的法律行业相遇时，一系列新问题也随之而生。一方面，越来越多的法律人开始思考如何将人工智能带来的算法权力关进法治的笼子里。无论是对人工智能主体性的展望，还是对自动驾驶、机器创作、智能投顾等具体应用场景的分析，都体现了人工智能对现有法律的挑战。另一方面，法律工作者开始拥抱人工智能技术，享受着算法带来的效率提升。类案推送、聚类检索等工具不仅成了法学院学生的学习利器，也可以帮助律师、检察官、法官和公司法务更好、更快地完成工作。人工智能使实证研究者能够分析更大的样本量，使得输出的案例分析结论更加稳健，这种从大数据中析出法官集体智慧的技术，展现出了广阔的应用前景。人们不禁畅想，算法能否进一步赋能法律行业？又会有哪些新的风险会与之相伴而生？

在美国，算法与法律的结合早已在司法实践中得到应用。美国司法界鼓励在刑事司法程序中运用基于实证研究的风险评估工具。但是，在国家机器对个人的决策中使用算法时，算法固有的风险可能会进一步扩大，并威胁到个人的基本权利。2016年7月美国威斯康星州终审判决的"卢米斯案"（State v. Loomis）正是算法风险在刑事司法程序中的典型体现。该案被告人认为，法官依靠自动化决策结果对其量刑的行为，侵害了其正当程序权利。尽管终审法院经过审理后驳回了他的上诉理由，但学界对该判决结论的反对声音不绝于耳。"卢米斯案"及相关论争反映了算法风险与程序正义的复杂问题。对于正在发展司法人工智能的我国而言，这同样是值得深入思考的问题。笔者拟对该案的背景、事实及判决意见进行梳理，然后对相关学术批评进行归纳，继而对算法规制的既有办法及争议进行介绍，最后为我国的算法规制策略以及算法在司法程序中的应然地位提出建议。

一、"卢米斯案"的始末[1]

（一）案件背景

伴随着人工智能第三次浪潮的崛起，算法发挥着越来越重要的作用。算法可以利用海量数据对人类行为模式进行预测，从而帮助决策者判断风险。算法的这种预测功能在某种程度上与刑法的特殊预防功能相契合。例如，人们可以通过算法对罪犯的累犯风险进行评测，从而决定量刑问题。在美国，司法界已经开始将算法纳入刑事司法政策的尝试。

2007年，美国首席大法官会议通过了一项题为"支持促进公共安全和减少累犯的量刑实践"的决议，强调法官"发挥重要作用，确保刑事司法系统有效运转，通过减少累犯和追究罪犯责任来有效保护公众"。该会议致力于"支持各州根据有最佳研究证据证明能够有效减少累犯的实践，努力采取量刑、惩治的政策与计划"。同样，美国律师协会也敦促各州采用风险评估工具，以减少累犯和提高公共安全。它强调了对关押低风险个人的关切，并警告称，将低风险罪犯与中高风险罪犯安置在一起可能会增加而不是降低再次犯罪的风险。这种接触可能导致来自高风险罪犯的负面影响，实际上有害于个人在改过自新方面的努力。最初，风险评估工具仅由缓刑和假释部门使用，功

---

[1] 该案件的判决书，See State v. Loomis, 881 N. W. 2d 749 (Wis. 2016). 本部分的写作也参考了：Criminal Law — Sentencing Guidelines — Wisconsin Supreme Court Requires Warning Before Use of Algorithmic Risk Assessments in Sentencing. — "State v. Loomis", 881 N. W. 2d 749 (Wis. 2016), *Harvard Law Review*, Vol. 130：1530.

能是帮助确定对罪犯的最佳监督和处理策略。随着美国国内对减少累犯以及循证（evidence-based）的日益关注，此类工具的使用现已扩展到量刑领域。然而，在量刑中使用这些工具更为复杂，因为量刑决定具有多元目标，其中只有部分目标与减少累犯有关。

算法在帮助法官裁判的同时，也反映出了许多问题。人们注意到，算法在很多时候对个人产生了实质性影响，但其自动化的决策过程却并不是公开的，它也不接受质询、不提供解释和救济。相对人无从知晓决策的原因，更无法要求撤销或修正自动化决策的结果。即使自动化决策侵害了相对人的利益，相对人也无法要求算法开发者或使用者承担相应的责任。这种状态也被学者称为"算法暴政"。[1] 而当刑事司法程序借助算法进行裁判时，这种"算法暴政"会直接涉及人的生命、自由等基本权利，从而彰显出更为强烈的权利冲突状态。"卢米斯案"正是反映了在这种情况下算法所引发的典型问题，因而成了近年来备受关注的一个案例。

（二）基本事实

2013年，威斯康星州以五项罪名指控卢米斯与"拉克罗斯（La Crosse）驾车射击案"有关。卢米斯否认其参与了射击行为，但承认他在当晚晚些时候驾驶了涉案汽车。卢米斯承认了其中两项较轻的罪名——"企图逃避交通官员罪、未经车主同意而驾驶汽车罪"。在做量刑准备时，一名威斯康星州惩教署官员制作了量刑前调查报告，其中包括COMPAS风险评估工具。COMPAS风险评估工具基于对被告的访谈以及从被告犯罪史中

---

[1] See B. Lepri, J. Staiano and D. Sangokoya, *The Tyranny of Data? The Bright and Dark Sides of Data-Driven Decision-Making for Social Good*, Transparent Data Mining for Big and Small Data, Springer International Publishing, 2017.

获取的信息，对被告的累犯风险进行评估。由于COMPAS背后的评估方法属于商业秘密，因此其仅向法院提交了累犯风险的评估数值。在卢米斯的量刑庭审中，初审法院在量刑判决中参考了COMPAS评估结果，并部分基于此项评估结果，判处卢米斯6年有期徒刑和5年社区监督（extended supervision）。

卢米斯向初审法院提出了减轻刑罚的请求，认为法院对COMPAS的依赖侵犯了他的正当程序权利。主要的理由是：①因为COMPAS报告仅提供与特定群体相关的数据，并且由于用于制作报告的方法是商业秘密，所以卢米斯认为，法院对COMPAS评估的使用侵犯了他基于精确信息被量刑的权利；②基于前述两个原因，法院也同时侵犯了他获得个性化判决的权利；③卢米斯还根据正当程序理由辩称，法院通过依赖一项将性别纳入考量因素的风险评估工具，在判决时对性别问题的考虑构成违宪。但是，初审法院驳回了卢米斯在量刑程序中的这项请求，威斯康星州上诉法院将上诉移交给威斯康星州最高法院。

（三）裁判结论及其论证理由

威斯康星州最高法院最终维持了原判。为法庭撰写判决书的安·沃尔什·布拉德利法官（Ann Walsh Bradley）否决了卢米斯的正当程序主张。布拉德利法官认为，在风险评估中使用性别作为一项因素，是基于促进精确性的非歧视目的，卢米斯没有提供充分证据说明审理法院实际上考虑了性别。此外，由于COMPAS仅使用能公开获得的数据以及被告人提供的数据，法院认为，卢米斯可以对制作该报告的任何信息作出否认或解释，从而验证裁判中所使用信息的准确性。在个性化判决方面，布拉德利法官强调了个性化量刑的重要性，并承认COMPAS仅提供与被告相似的群体的累犯风险聚类数据（aggregate data）。但她解释说，由于该报告并非是判决的唯一依据，法院拥有必要的自由裁量权和信息，以否定不适当的评估，所以将COMPAS评估纳入考虑的量刑仍然具有充分的个性化。

然而，布拉德利法官也补充说，法官在使用此类风险评估时必须谨慎行事。为确保法官适当权衡风险评估，法院的命令包括：这些评估必须以何种方式提交给审判法院，以及法官可以在多大程度上使用它们。法院解释说，风险评分不能用于"确定罪犯是否被监禁"或"确定刑罚的轻重"。因此，使用风险评估的法官必须说明评估以外的其他支持判刑的因素。此外，包括COMPAS评估在内的PSI必须向法官提供五项书面警告：第一，"COMPAS的专有性质"会阻碍对如何计算风险分数的披露；第二，COMPAS分数无法识别特定的高危险个体，因为这些分数依赖于群体数据；第三，尽管COMPAS依赖于国家数据样本，但"没有针对威斯康辛州人口的交叉验证研究"；第四，研究提出了以下问题：COMPAS分数是否不成比例地将少数群体罪犯认定为具有更高累犯风险；第五，COMPAS是专门为协助惩教署作出量刑后判决（post-sentencing determinations）而开发的。在发出这些警告时，法院明确表示希望向人们灌输对该工具准确性的普遍怀疑，以及在该工具评估少数群体罪犯风险方面更具针对性的怀疑。

亚伯拉罕逊法官表示同意。虽然她同意判决，但她担心法院难以理解算法风险评估。特别是，她批评法院的决定否定了开发COMPAS的公司Northpointe提交法庭之友摘要（file an amicusbrief）的机会。她本应要求量刑法院提供更广泛的记录，以说明"实证工具所促成的个性化判决的优点、缺点和相关性"。她认为，鉴于有批评者认为这些评估来自政府官员和学者，前述解释是有必要的。

二、关于"卢米斯案"引发的算法风险争议

"卢米斯案"判决认为 COMPAS 的使用并不损害被告的正当程序权利。但是,许多研究者都指出,法院没有成功地保护卢米斯的正当程序权利,因为法院忽视了风险评估算法的如下风险。

(一) 关于风险评估算法的准确性风险

有评论指出,在量刑程序中对 COMPAS 的使用侵犯了被告的正当程序权利,因为法院存在着对算法技术准确性的错误假设。无论是在理论上还是在实践中都存在着对风险评估算法准确性的质疑。[1]

首先,有研究发现,COMPAS 的评估并不像法院所认为的那样准确。ProPublica[2]作出的评估显示:该算法评分在预测罪犯累犯概率方面的正确率达到 61%,但在预测暴力累犯率方面的正确率只有 20%。它还发现:"该算法在预测黑人和白人被告累犯概率方面的正确率大致相同(白人被告为 59%,黑人被告为 63%),但是预测失误的方式却大不相同。在为期两年的后续随访期内,该算法对白人和黑人被告进行的分类方式是不同的。"[3]

其次,由于缺乏外部监督,开发者可能为了自身商业利益而忽略算法的准确性。为了促进风险评估算法的准确性,

---

[1] See Iñigo De Miguel Beriain, "Does the use of Risk Assessments in Sentences Respect the Right to due Process? A Critical Analysis of the Wisconsin v. Loomis Ruling", *Law, Probability and Risk*, Volume 17, Issue 1, 1 March 2018.

[2] ProPublica 是一家致力于公益性问题的非营利性调查新闻机构。

[3] See Surya Mattu Larson, Lauren Kirchner and Julia Angwin, "How We Analyzed the COMPAS Recidivism Algorithm", 23 May 2016, https://www.propublica.org/article/how-we-analyzed-the-compas-recidivism-algorithm.

需要不断向其训练数据库增添新的数据,因而也需要持续监督,但目前由于算法受到商业秘密保护,只有开发商有权监督。但问题是,开发商的利益并不总是与社会利益一致,业务逻辑并不总是与对科学准确性的需求一致。例如,如果风险评估算法高估了罪犯的累犯风险而要求对其采取措施,这种错误通常很难被发现,即使被发现也不会给公司造成社会丑闻。但如果该算法低估了罪犯的累犯风险而建议将其释放,一旦罪犯再次实施了暴力犯罪,开发者可能会面临强烈的批评,公司的商业形象和商业利益也会受损。因此,开发者可能会在预防后一种错误方面付出更多成本,而可能忽略了前一种错误。

最后,开发者可能为了消除政治或道德风险,在算法中故意排除统计学意义上的重要因素,从而降低算法准确性。例如,尽管有些自变量(例如种族、性别、少数族裔地位等)已经显示出与人口中的暴力行为有统计学意义上的相关关系,但乍看之下,如果将这些因素纳入风险评估算法可能是令人不快的。[1] 实践中,已经有开发者在算法中排除了这些重要的统计变量,就政策制定而言这些变量被认为是"有问题的"。[2] 例如,弗吉尼亚州官员开发的风险评估工具故意将种族排除在规定变量之外,尽管这样做违反了基本的统计需求。[3] 又如,联邦系统

---

[1] See K. S. Douglas et al., "Historial-Clinical Risk Management 20", Vrsion 3 (HCR-20), *Development and Overview*, *International Journal of Fornesic Mental Ehalth*, 13, 2014, p. 93.

[2] See Melissa Hamilton, "Risk-Needs Assessment: Constitutional and Ethical Challenges (26 January 2015)", *American Criminal Law Review*, Forthcoming; U of Houston Law Center No. 2014-W-2, available at SSRN: https://ssrn.com/abstract = 2506397 or http://dx.doi.org/10.2139/ssrn.2506397.

[3] See Richard P. Kern and Meredith Farrar-owens, "Sentencing Guidelines with Integrated Offender Risk Assessment", 16 fed, Sent'g Rep. 165, 165 (2004).

定罪后风险工具的开发者故意将性别排除在算法之外,"尽管他们的原始回归模型发现,女性在作为累犯的阴性预测指标方面具有统计学上的显著性"。[1]

(二) 关于风险评估算法的歧视性风险

算法引发的歧视性问题在实践中屡见不鲜,在线招聘[2]、词汇关联[3]、在线广告[4]等场景中的算法都曾被曝出存在性别歧视或种族歧视的现象。有人质疑,"卢米斯案"涉及的COMPAS算法同样存在种族偏见问题。ProPublica发现,与同样有可能再次犯罪的白人相比,非裔美国人更有可能被给予较高的分数,从而导致等待审判期间的羁押时间更长。[5]该算法开发商Northpointe驳斥了这一看法,称这是因为ProPublica使用了错误的指标对算法的公平性进行评估,如果是在赋予相同分数的被告人群体中,非裔美国人和白人计算出的累犯概率是

---

[1] See Melissa Hamilton, "Risk – Needs Assessment: Constitutional and Ethical Challenges (26 January 2015)", *American Criminal Law Review*, Forthcoming; U of Houston Law Center No. 2014 – W – 2, available at SSRN: https://ssrn.com/abstract = 2506397 or http://dx.doi.org/10.2139/ssrn.2506397.

[2] See Isobel Asher Hamilton, "Why It's Totally Unsurprising That Amazon's Recruitment AI Was Biased against Women", *Business Insider*, October 13, 2018. Available at https://www.businessinsider.com/amazon-ai-biased-against-women-no-surprise-sandrawachter-2018-10 (last accessed April 20, 2019).

[3] See Adam Hadhazy, "Biased Bots: Artificial–Intelligence Systems Echo Human Prejudices", *Princeton University*, April 18, 2017. Available at https://www.princeton.edu/news/2017/04/18/biased – bots – artificial – intelligence – systems – echo – human – prejudices (last accessed April 20, 2019).

[4] See Latanya Sweeney, "Discrimination in online ad delivery", Rochester, *Social Science Research Network*, January 28, 2013, Available at https://papers.ssrn.com/abstract=2208240 (last accessed April 12, 2019).

[5] See Sam Corbett-Davies et al., "Algorithmic Decision Making and the Cost of Fairness", ArXiv: 1701.08230 [Cs, Stat], January 27, 2017. https://doi.org/10.1145/3097983.309809.

一样的。[1]

有分析指出，导致算法偏见的原因包括：第一，既有的人类偏见：人类已有的对某些群体的偏见是普遍的，也是深层次的，这可能导致这些偏见在计算机模型中被复制和放大。如果非裔美国人更可能因为历史上的种族主义、警察实践中的不公或者刑事司法系统中的不平等问题而被逮捕和羁押，那么这些事实也会反映在COMPAS算法的训练数据中，并且用于为是否应当羁押被告提供建议。如果将既有的偏见纳入模型，它将作出与人类相同的错误判断。第二，采用了不完全的或不具有代表性的训练数据：训练数据不足是造成算法偏差的另一个原因。如果用于训练算法的数据相比于其他群体更能代表某些群体，则该模型在预测这些代表性缺失或不足的群体方面可能呈现出系统性的劣势。反之，如果算法具有针对某一群体的过多数据，则可能会使决策偏向特定结果。乔治城法学院的研究人员发现，执法部门使用的面部识别网络中约有1.17亿美国成年人，但非裔美国人更容易被识别的主要原因是，他们在面部照片数据库中的代表数据过多，因而非裔美国人的面孔更有可能被错误地

---

[1] See, Muhammad Bilal Zafar et al., "Fairness Constraints: A Mechanism for Fair Classification", *In Proceedings of the* 20*th International Conference on Artificial Intelligence and Statistics* (*AISTATS*), Fort Lauderdale, FL, 2017; See also Matthias Spielkamp, "We Need to Shine More Light on Algorithms so They Can Help Reduce Bias, Not Perpetuate It", *MIT Technology Review*, Accessed September 20, 2018, available at https://www.technologyreview.com/s/607955/inspecting-algorithms-for-bias (last accessed April 19, 2019); See also Sam Corbett Davies et al., "A Computer Program Used for Bail and Sentencing Decisions Was Labeled Biased against Blacks. It's Actually Not That Clear", *Washington Post* (*blog*), October 17, 2016, available at https://www.washingtonpost.com/news/monkey-cage/wp/2016/10/17/can-an-algorithm-be-racist-our-analysis-is-more-cautiousthan-propublicas (last accessed April 19. 2019).

匹配，从而产生了偏见。[1]

但是，从技术角度来看，设置何种偏见检测策略也存在一定困难。从 COMPAS 算法偏见风险的争论来看，单纯地看误差率未必是检测偏见的好办法。Northpointe 和 ProPublica 聚焦于不同条件下的误差率，就得出了不同的结论。因而需要建立起一定的公平原则，来确认在何种条件下的误差率应当是相等的。

对此，布鲁金斯学会的一份报告认为，权衡的重点应该放在评估"公平"的社会观念和可能的社会成本上。[2]在对 COMPAS 算法的研究中，有学者看到了"在最大程度地减少暴力犯罪与满足公平的普遍观念之间的内在矛盾"，认为如果为了优化公共安全倾向于惩罚有色人种，可能会导致释放更多高风险被告，这将对公共安全产生不利影响。[3]这也可能会不成比例地影响到非裔美国人和白人社区，从而产生公平成本。对此，算法开发人员应首先寻找在不牺牲模型整体性能的情况下减少组之间差异的方法，并且建立相关的道德框架。

(三) 关于风险评估算法的透明度风险

法律界在论及算法风险时，一个常见的担忧就是透明性问题。在"卢米斯案"中，卢米斯上诉的理由之一也是算法的保

---

[1] See Laura Sydell, "It Ain't Me, Babe: Researchers Find Flaws In Police Facial Recognition Technology", *NPR. org*, October 25, 2016, available at https://www.npr.org/sections/alltechconsidered/2016/10/25/499176469/it-aint-me-babe-researchers-find-flawsin-police-facial-recognition (last accessed April 19, 2019).

[2] See Nicol Turner Lee, Paul Resnick and Genie Barton, "Algorithmic bias detection and mitigation: Best practices and policies to reduce consumer harms", https://www.brookings.edu/research/algorithmic-bias-detection-and-mitigation-best-practices-and-policies-to-reduce-consumer-harms, (last accessed March 19, 2020).

[3] See Sam Corbett-Davies et al., "Algorithmic Decision Making and the Cost of Fairness", ArXiv: 1701.08230 [Cs, Stat], January 27, 2017. Available at https://doi.org/10.1145/3097983.309809 (last accessed April 19, 2019).

密特性。而法院认为，如果算法开发者或使用者向法院提交了书面警示事项，则可以缓和透明度造成的紧张关系。同时，卢米斯也可以通过验证 COMPAS 报告中列出的问答是否正确来质疑自己的风险评分。但是，许多研究都认为法院在处理算法透明度方面的努力远远不够，它未能解决算法的"法律黑箱"和"技术黑箱"问题。

有研究指出，COMPAS 和类似的风险评估系统实际上包括"数据输入""处理和计算"以及"预测输出"等一系列步骤。其中，"处理和计算"涉及最关键的问题，即如何解释数据以及如何基于这种解释输出预测结果。但是，法院在判决书中只讨论了被告是否可以质疑其犯罪记录和调查表答案的准确性（"数据输入"），而没有关注他是否可以挑战关键的"处理和计算"阶段。因而，该判决没有审查可能会对社会造成巨大影响的自动化决策，没有发挥出司法机构作为保护个人权利和提供有效救济措施的最终看门人作用，[1]卢米斯本人也因此丧失了辩驳、补充和解释的权利。[2]

一方面，COMPAS 等风险评估算法存在着"法律黑箱"。不透明性源于统计模型或源代码的专有性特征，而这种特征是受到商业秘密相关法律保护的。有研究认为，可以通过修改法律解决"法律黑箱"问题，具体有以下选择：一是在特定条件下向公众开放这些统计模型或源代码，以保证透明度和可问责性，但这可能会遭遇来自开发商的反对；二是要求以保密的方式向

---

[1] See Han-Wei Liu, Ching-Fu Lin and Yu-Jie Chen, "Beyond State v. Loomis: Artificial Intelligence, Government Algorithmization and Accountability", *International Journal of Law and Information Technology*, Vol. 27, Issue 2, pp. 122~141 (2019).

[2] See Katherine Freeman, "Algorithmic Injustice: How the Wisconsin Supreme Court Failed to Protect Due Process Rights in State", v. Loomis, 18 N. C. J. L. & Tech. On. 75 (2016), http://ncjolt.org/wp-content/uploads/2016/12/Freeman_ Final.pdf.

特定的有关方或专家委员会披露。[1]

另一方面,如果风险评估算法使用了机器学习和深度学习技术,则会面对更为棘手的"技术黑箱"问题。在这些场景中,算法规则会自动产生决策结果,甚至连程序员也无法充分解释算法为什么会产生这个结果以及算法是如何作出这些决策的。这种问题在人工神经网络算法(ANN)中最为明显。这种算法是对人脑的模仿,包含各种神经元(即相互连接的处理器)。不同于专家系统(基于对分层规则、变量和常量的集合,应用于给定问题以尝试确定解决方案[2]),它是一种代表性学习,不需要太多的人为干预。ANN 的学习算法不是事先编程的,而是通过分层结构来学习不同信息和模式之间的关系,并开发自己的决策规则,这些规则通常是人类所无法理解的。[3]尽管 ANN 减少了编程的工作量,也提高了算法的准确性,但这是以"人类能够实质性地解释发生在每一层中的推理的能力"为代价的。[4]对此,有研究建议,应当让被告或者那些可能需要自动化决策的人获得事前的知情权和自主选择权,他们应该在事前被充分告知这些自动化决策工具的潜在风险、好处以及以这种技术方式进行预测的局限,从而决定是否使用或退出自动

---

[1] See Han-Wei Liu, Ching-Fu Lin and Yu-Jie Chen, "Beyond State v. Loomis: Artificial Intelligence, Government Algorithmization and Accountability", *International Journal of Law and Information Technology*, Vol. 27, Issue 2, pp. 122~141 (2019).

[2] See M. Aikenhead, "The Uses and Misuses of Neural Networks in Law (1996) 12", *Santa Clara Computer & High Technology Law Journal*, 31, 33.

[3] See L. Zhou and others, "A Comparison of Classification Methods for Predicting Deception in Computer Mediated Communication (2004) 20 (4)", *Journal of Management Information Systems*, 139, 149.

[4] See P. Margulies, "Surveillance by Algorithms: the NSA, Computerized Intelligence Collection, and Human Rights", (2016) 68, *Florida Law Review*, 1045, 1069.

化决策。[1]

此外,也有研究建议,应当向被告提供可解释的算法,包括可以访问其源代码。只有开源算法才能在充分尊重科学准确性的同时充分保护被告的权利。因而,尽管使用开源算法可能不太符合开发商的利益,但美国司法系统应当提倡使用开源算法,以促进算法透明性。[2]

(四)关于法官能否识别算法风险的风险

在"卢米斯案"的判决书中,法院建议法官应当谨慎地使用风险评估算法工具。但有评论指出,该案给出的建议(即要求 PSI 提交书面警告)无法帮助法官作出更好的评估。

首先,仅仅鼓励司法者对风险评估工具持怀疑立场,并不能告知法官应该在多大程度上怀疑风险评估结果,也有可能让法官过分地贬低这些风险评估结果的价值。

其次,即使这些书面警告增加了法官的怀疑态度,法官也可能缺乏必要信息来调整他们对此类工具的评估,大多数法官不太可能理解风险评估算法,其背后的方法论也因其商业秘密属性而不会得到公开。

最后,由于司法系统面对着使用风险评估的内部和外部压力,也存在着支持数据依赖的认知偏好,这些书面警告可能不会改变法官对风险评估的思考方式。《模范刑法典》认可了基于

---

[1] See Han-Wei Liu, Ching-Fu Lin and Yu-Jie Chen, "Beyond State v. Loomis: Artificial Intelligence, Government Algorithmization and Accountability", *International Journal of Law and Information Technology*, Vol. 27, Issue 2, pp. 122~141 (2019).

[2] See Iñigo De Miguel Beriain, "Does the use of Risk Assessments in Sentences Respect the Right to due Process? A Critical Analysis of the Wisconsin v. Loomis Ruling", *Law, Probability and Risk*, Volume 17, Issue 1, 1 March 2018.

证据的量刑[1],一些学者[2]和司法机关[3]鼓励使用算法风险评估。许多州正在认真考虑在量刑中考虑累犯风险数据。[4]实际上,一些州已经在量刑程序中要求使用风险评估工具。[5]伊利诺伊大学芝加哥分校心理学教授琳达·J.锡特卡指出说:"大多数人会走需要最少努力的认知之路,而不是系统地分析每个决策。他们会使用经验法则或启发式决策法则……自动化的决策辅助工具可以充当这些启发式决策方法,并且可以替代更能保持警惕的监视或决策系统。"[6]如果算法决策工具被视作权威,人们很难拒绝诉诸权威的思维方式。

因而,有评论认为,判决书目前给出的建议无法应对前述弊端,应当采取更严格的措施。例如,排除对算法保密的风险

---

[1] See MODEL PENAL CODE: SENTENCING § 6B.09 (AM. LAW INST, Tentative Draft No.2, 2011).

[2] See, e.g., Lynn S. Branham, "Follow the Leader: The Advisability and Propriety of Considering Cost and Recidivism Data at Sentencing", 24 FED. SENT'G REP. 169, 169 (2012).

[3] See e.g., William Ray Price, Jr., "Chief Justice, Supreme Court of Mo., State of the Judiciary Address (Feb.3, 2010)", http://www.courts.mo.gov/page.jsp?id = 36875 [https://perma.cc/AJX4-WK8E].

[4] See Cf. Douglas A. Berman, "Are Costs a Unique (and Uniquely Problematic) Kind of Sentencing Data?", 24 FED. SENT'G REP. 159, 160 (2012). ("几乎美国每个州都在以某种形式规定了,或者正在严肃思考如何将实证研究纳入他们的量刑政策和实践之中"。)

[5] See, e.g., KY. REV. STAT. ANN. § 533.010 (2) (LexisNexis 2014); TENN. CODE ANN. § 41-1-412 (b) (2014); VT. STAT. ANN. tit. 28, § 204a (b) (1) (2009); WASH. REV. CODE § 9.94A.500 (1) (2016); cf. ALA. CODE § 12-25-33 (6) (2012); 42 PA. STAT. AND CONS. STAT. ANN. § 2154.5 (a) (6) (West Supp. 2016).

[6] See Linda J. Skitka, "Does Automation Bias Decision-making?", 51 INT. J. HUMAN-COMPUTER STUDIES 991, 992 (1999).

评估工具，或者在更多研究可用之前限制其使用等。[1]

三、进一步的讨论：算法的可解释性及责任机制

"卢米斯案"反映出来的问题实际上是算法自动化决策问题在刑事司法领域的具体体现。如何应对算法的歧视性、透明度、可问责性等问题，实际上已经成为信息社会中一切自动化决策工具的共性问题。卢米斯所疾呼的正当程序规则不仅在本案中受到了算法的挑战，也成了一切自动化决策场合的侵蚀对象。算法权力在商业领域形成与消费者的不公平交易，催生了监视资本主义；在公权力领域，嵌入公权力运行的各个环节，甚至成了独立的决策者，严重挑战正当程序和权力专属原则。[2]对此，各界一直在讨论如何对算法进行规制，在各种声音中，《通用数据保护条例》（GDPR）所规定的算法可解释性和责任体系广受瞩目，也引发了大面积的讨论。

（一）GDPR 文本之解读：可解释性是否等于获解释权

GDPR 第 13-15 条对算法的可解释性提出了要求，规定数据主体有权知晓包括用户画像在内的自动化决策中"对于相关逻辑、包括此类处理对于数据主体的预期后果的有效信息"。第 22 条规定了数据主体有权对自动化的个人决策加以反对、表达观点与异议。序言第 71 条规定明确提出了解释权，表述为接受自动决策的人应该享有适当的保护，具体应包括数据主体的特别信息和获得人类干预，表达自己的观点，并且有权获得该评

---

[1] See Criminal Law — Sentencing Guidelines — Wisconsin Supreme Court Requires Warning Before Use of Algorithmic Risk Assessments in Sentencing—"State v. Loomis", 881 N. W. 2d 749 (Wis. 2016), *Harvard Law Review*, Vol. 130: 1530.

[2] 参见张凌寒："算法权力的兴起、异化及法律规制"，载《法商研究》2019 年第 4 期。

估决定的解释,并对决定提出质疑。GDPR的上述规则构建了以算法可解释性为中心的规制体系。

但是,学者们对GDPR是否规定了"获解释权"存在不同意见。布莱斯·古德曼和塞斯·R.弗拉克斯曼认为,GDPR序言第71条佐证了GDPR对"获解释权"的创设,但GDPR序言没有法律约束力,从解释论上可从GDPR第13~14条中引申出"获解释权"。[1]桑德拉·沃克特(Sandra Wachter)等则认为,特定决策的事前解释是不可能的,而GDPR正文并未规定特定决策的事后解释。从文义上看GDPR第13~15条的规定仅限于数据搜集和处理阶段,属于事前告知而非事后解释,并且规定的仅仅是"被告知的权利"(therighttobeinformed)而非"获解释权"。"承受自动化决策"阶段的"获解释权"只可能从第22条笼统规定的"保障措施"(measurestosafeguard)中引申出来。因此,在GDPR目前的体系语境下,证成"获解释权"是比较困难的,不能从实质上解决"算法透明性和可解释性"问题。[2]

综合来看,GDPR是否创设了数据主体的"获解释权"在解释论上存在争议,但GDPR至少要求了算法具有可解释性,这也是基于GDPR文本进行讨论的起点。

(二)算法可解释性规则的正当性

在GDPR确立的算法可解释性规则的正当性方面,学者们也存在着不同看法。有相当一部分学者指出了该规则的合理性。

---

[1] See Bryce Goodman and Seth R. Flaxman, "European Union Regulations on Algorithmic Decision‐making and a 'Right to Explanation'", *2016 ICML Workshop on Human Interpretability in Machine Learning* (WHI 2016), New York, NY.

[2] See S. Wachter, B. Mittelstadt and L. Floridi, "Why a Right to Explanation of Automated Decision-Making Does Not Exist in the General Data Protection Regulation", *International Data Privacy Law*, Volume 7, Issue 2, May 2017, pp. 76~99.

汤姆·贝克和本尼迪克特·德拉特认为公众不能预设智能投顾机器人没有人类所具有的不纯动机,正是因为智能金融算法存在歧视和黑箱现象,所以才需要算法的透明性或解释性机制。[1]多西·韦莱兹等认为算法透明性和可解释性是解决算法可归责性的重要工具。明确算法决策的主体性、因果性或相关性是确定和分配算法责任的前提。[2]

但是,也有人对此表示反对,指出可解释性规则存在种种弊端:要求公司人工审查重要的算法决策增加了 AI 的整体成本、知情权可能导致降低 AI 的准确性。在计算机科学领域,有学者提出,让一个系统更透明或者更少偏见会降低它整体上的准确性。[3]

(三) 算法可解释性规则的可行性和有效性

针对 GDPR 确立的算法可解释性规则的可行性和有效性方面,也有学者提出了质疑。莉莲·爱德华兹和迈克尔·韦尔认为,GDPR 规定的"解释权"采用了一种高度限制和不清晰的形式,很难真正实现对算法的控制,在现有技术条件下,主体中心解释(subject-centric explanations,SCEs)比模型中心解释路径(model-centric explanations,MCEs)更有利于数据主体寻求救济。但是,透明性并不必然保证实质正义或者有效救济的实现。其建议人们要警惕新的"透明度谬论",更重要的是从

---

[1] See Tom Baker and Benedict G. C. Dellaert, "Regulating Robo Advice Across the Financial Services Industry", *Iowa Law Review*, Vol. 103, 713, 2018.

[2] See Finale Doshi-Velez et al., "Accountability of AI Under the Law: The Role of Explanation" (November 3, 2017), Berkman Center Research Publication, Forthcoming, available at SSRN: https://ssrn.com/abstract = 3064761 or http://dx.doi.org/10.2139/ssrn.3064761.

[3] See Jon Kleinberg et al., "Inherent Trade-offs in the Fair Determination of Risk Scores", PROC. INNOVATIONS THEORETICAL COMPUTER SCI. 2 (2017).

GDPR以下两个层次缓解算法控制的危害，即"被遗忘权和可携带权"以及"隐私设计和数据保护影响评估等"。[1]

保罗·德·拉特指出，一方面，算法的不透明性是固有的，人工智能本身有自主学习的过程，后期输出的结果可能和设计者的理念不相符。如果在神经网络中插入一个中间层，可以通过加权平均计算来显示所有结果的权重，但无法解释所有输入变量最终的贡献。另一方面，出于隐私的考虑，将数据库免费提供给大众是不明智的。这也会导致相关方的博弈，导致不效率。出于知识产权的原因，也应该交给权威的监管部门来管理。[2]

桑德拉·沃克特等认为，解释权规则存在诸多法律和技术上的障碍：首先，GDPR中不存在具有法律约束力的解释权。其次，即使具有法律约束力，该权利也只适用于有限的情况。再次，解释复杂的算法决策系统的功能及其在特定情况下的基本原理在技术上具有挑战性。解释可能仅对数据主体提供很少的有意义信息。最后，数据控制者有权不共享算法，以避免泄露商业机密、侵犯他人的权利和自由（例如隐私）。其主张应当超越GDPR的限制，对数据控制者施加"无条件性反射事实解释"以作为一种克服当下算法解释和问责挑战的一种新型解释类型。其可以平衡数据主体和控制者之间的关系，保护数据主体的信息安全。反射事实解释不仅避免了对复杂专业的算法进行全面公开，而且可以通过建模计算得出，便于数据主体理解自动化决

---

[1] See Lilian Edwards and Michael Veale, "Slave to the Algorithm? Why a 'Right to an Explanation' is Probably Not the Remedy You are Looking For", 16 Duke L. & Tech. Rev. 18 (2017).

[2] See Paul de Laat, "Big Data and Algorithmic Decision-making: can Transparency Restore Accountability?", 47 *SIGCAS Computers and Society* 39 (2017).

策、对决策进行抗辩以及改变未来的做法来达到预期目的。[1]

(四) 关于算法透明化与责任体系的其他构想

在 GDPR 之外,学者们建议采取各种方式来建立算法透明化与责任体系,以应对"算法黑箱"带来的问题。杰克·M. 巴尔金反驳了"侏儒谬论",指出算法社会的真正敌人不是算法而是人。他构建了一套算法公平治理体系,指出透明度、解释性、正当程序、负责任等要求都能从中推演出来。该体系的三大法则是:对于客户、消费者和终端用户,算法使用者是信息受托人;对于非客户、消费者和终端用户,算法使用者负有公共责任。如果算法使用者是政府,公共责任的界定应遵照其作为政府的性质;如果算法使用者是私人,则要受公共利益规则影响;算法使用者的核心公共责任是避免将他们操作的成本(损害)外部化。对于算法决策损害的最佳类比不是故意歧视,而是社会不公的污染。[2] 约书亚·A. 克罗尔等指出,通过设计事前机制和事后机制,算法依然可以对第三人和公众负责。更重要的是要促进计算机科学家和法律政策制定者之间的跨学科合作,特别是要减少法律的模糊性,使得计算机科学家更能够适应外部监督机制。[3]

在我国,大部分学者都看到了"算法黑箱"带来的歧视、交易地位不平等、救济缺位等问题,并主张在我国引入 GDPR

---

[1] See Sandra Wachter, Brent Mittelstadt and Chris Russell, "Counterfactual Explanations Without Opening the Black Box: Automated Decisions and the GDPR", *Harvard Journal of Law & Technology*, 31 (2) (2017).

[2] See Jack M. Balkin, "The Three Laws of Robotics in the Age of Big Data", 78 Ohio St. L. J. (2017), Part Ⅳ~Ⅷ, pp. 17~45.

[3] See Joshua A. Kroll et al., "Accountable Algorithms", 165 U. Pa. L. Rev. 633 (2017), Introduction & Part I. A. pp. 3~13, Part Ⅱ. A~B, pp. 22~36, Part Ⅳ, pp. 56~66.

的解释权。[1]但也有学者指出,算法的可解释性只是一种有益探索,并不是有效手段。例如,林洹民认为,算法解释权适用范围有限,我国应当设立以数据活动顾问为主、数据活动监管局为辅的二元算法监管机制:数据活动顾问从企业内部对算法的设计、使用和评估进行陪同控制;数据活动监管局则从外部对数据活动顾问提供必要的援助和监督。[2]沈伟伟认为,算法透明原则不具备可行性和必要性,应当看到这种本质主义立场的弊端,建立以实用主义为导向、以算法问责为代表的事后规制。[3]

四、"卢米斯案"对我国算法规制之启示

我国是人工智能发展十分迅速的国家。[4]近年来,发展人工智能不断写入国家战略,顶层设计要求运用人工智能为司法赋能,建设智慧法庭。例如,《国务院关于印发新一代人工智能发展规划的通知》(国发〔2017〕35号)要求"建设集审判、人员、数据应用、司法公开和动态监控于一体的智慧法庭数据平台,促进人工智能在证据收集、案例分析、法律文件阅读与

---

[1] 参见解正山:"算法决策规制——以算法'解释权'为中心",载《现代法学》2020年第1期;张凌寒:"商业自动化决策的算法解释权研究",载《法律科学(西北政法大学学报)》2018年第3期;姜野、李拥军:"破解算法黑箱:算法解释权的功能证成与适用路径——以社会信用体系建设为场景",载《福建师范大学学报(哲学社会科学版)》2019年第4期。

[2] 参见林洹民:"自动决策算法的法律规制:以数据活动顾问为核心的二元监管路径",载《法律科学(西北政法大学学报)》2019年第3期。

[3] 参见沈伟伟:"算法透明原则的迷思——算法规制理论的批判",载《环球法律评论》2019年第6期。

[4] 中国人工智能企业数量全球第二,已经成为全球人工智能投融资规模最大的国家,人工智能领域论文总量和高被引论文数量都是世界第一。参见清华大学中国科技政策研究中心:"中国人工智能发展报告2018",载http://www.clii.com.cn/lhrh/hyxx/201807/t20180724_3922939.html。

分析中的应用,实现法院审判体系和审判能力智能化"。《最高人民法院办公厅关于做好 2019 年智慧法院建设工作的通知》(法办〔2019〕243 号) 要求各级法院"以智能化为重点,大力推进智审、智执、智服、智管,全面加强智慧法院建设"。《最高人民法院关于认真学习贯彻党的十九届四中全会精神的通知》(法〔2019〕244 号) 提出"要积极推进互联网、人工智能、大数据、云计算、区块链、5G 等现代科技在司法领域深度应用,努力把智慧法院建设提升到新水平"。"卢米斯案"及其引发的争议对于我国智慧法院的建设具有重要的参考意义。我们必须明确,如何避免算法透明度、歧视性、准确性等风险对正当程序的侵蚀,如何让算法扬长避短,真正引领司法实践的现代化与科技化。

(一) 立法:确立场景化的算法透明和责任规则

"卢米斯案"暴露的问题对整个算法社会都具有普适性,必须通过立法建立起一整套规则体系才能加以系统解决。这是一个立法论的问题,而不是解释论的问题。在笔者看来,在诸多算法风险中,最为关键的仍然是算法透明度问题。只有保证算法的透明度,或者至少是一定程度上的透明度,才能够使得算法的歧视性、准确性等问题得以被发现,也才能使得各利益相关方得以发现自己权益被侵害的事实,并提出相应的权利主张。

目前,大多数意见都要求法律以某种方式保证算法的透明度。尽管有学者认为算法透明原则作为事前规制存在种种弊端[1],但在笔者看来,这并不足以阻碍算法透明原则的重要地位。第一,算法透明原则并不仅仅是一种事前规制,更是一种全过程的规制手段。如果算法本身不透明,那么人们将很难发

---

〔1〕 参见沈伟伟:"算法透明原则的迷思——算法规制理论的批判",载《环球法律评论》2019 年第 6 期。

现算法中蕴藏着的不公平，更难以在维权时取证，事后规制的基础将不复存在。第二，算法透明原则在具体落实时必然会呈现出光谱式的面貌，既有的研究仅仅根据国家安全、社会秩序等宏观价值设想出机场安检、导弹试射等极端的场景，这些例子只能提醒我们要在特定场景下设置例外，并不能够全面推翻算法透明原则。第三，既有研究指出隐私、商业秘密等私主体权利会阻碍算法透明，但法律对私权利的保护从来都不是绝对的，即使是 GDPR 这样重视私权利保护的法令也规定了个人数据保护的例外条款。第四，算法透明原则所要求的透明性具有多元化特征，透明性未必等于向全社会公开，而可能仅向利益相关方公开，相比于直接推翻这项原则，不如设计更加精细的具体规则。第五，即使算法透明不等于算法可知，但算法不透明必然等于算法不可知。即使算法公开无助于普通大众的理解，神经网络等技术也可能导致程序员无法理解算法内涵，但是算法透明至少为理解算法提供了一种可能。并且，伴随着技术进步，目前计算机科学界也正在开发针对算法可解释性的算法，这将进一步促进"技术黑箱"的破解。[1]

因此，算法透明原则依然是我们努力的首要方向，也是立法首先应当确立的原则。但对于如何落实算法透明原则，目前仍尚未形成统一的有效方案。GDPR 对自动化决策工具规定了广泛的可解释性要求，但是笼统的规定并不能带来令人满意的效果。例如，谷歌搜索引擎在进行智能广告推送时会按照 GDPR 的要求向用户显示"您可能会看到广告的原因"，但披露内容仍

---

[1] 例如，张永锋对个性化推荐系统进行了优化，提出了基于傅里叶辅助项的移动平均自回归模型，从而解决了长周期下时间序列分析参数估计可行性的问题，并进一步提出了基于条件机会模型的动态个性化推荐算法，在线下真实数据集评测和线上真实用户评测两方面均取得良好的效果。参见张永锋："个性化推荐的可解释性研究"，清华大学 2016 年博士学位论文。

然相当概括。[1]用户无法从这些简单的标签中弄清楚为何这些广告会出现在自己面前,更无从得知影响自动化决策的这些自变量的具体权重。因而,建立起无差别的算法解释性和责任规则并不可取,更重要的是区分不同场景,建立合适的算法透明规则。

建立场景化的算法透明规则,需要对各种场景下的不同算法进行类型化梳理,这需要十分庞大的调研工作。因而,初期的立法可以只进行原则性规定,通过赋予法官较大的自由裁量权发展实务经验,嗣后再进行总结;或者可以确立非要件式的、指引式的立法,即像《反垄断法》第18条[2]一样列出所需考虑的因素。具体而言,可能需要考虑如下因素:第一,算法应用场景所涉及的利益冲突;第二,算法应当在何种范围内披露,是向全体公众披露,还是向某个特定的审查委员会披露,抑或只向利益相关方及其委托人披露;第三,要求算法开发者披露的内容包括哪些,例如是要求披露"卢米斯案"法官所要求的书面警示事项即可,还是要求披露算法的源代码、全部自变量及其权重乃至全部训练数据集;第四,算法的披露可能带来何

---

[1] 根据谷歌的披露,"您可能会看到广告的原因"包括:"(1)您的信息:您的Google账号中的信息,例如您的性别和所在的年龄段;您的大致位置。(2)您的活动:您当前的搜索查询;之前的搜索活动;您登录Google后进行的活动;您之前与广告之间的互动情况;您访问的网站类型;您设备上的移动应用活动的类型;您在其他设备上的活动。(3)其他信息:一天当中的时段;您向广告客户提供的信息,例如,您使用自己的电子邮件地址注册了简报。""我们不会根据种族、宗教、性取向或健康状况等敏感类别展示或隐藏个性化广告",载https://support.google.com/ads/answer/1634057? hl=zh-Hans&ref_ topic=7049253.

[2] 《反垄断法》第18条规定:"认定经营者具有市场支配地位,应当依据下列因素:(一)该经营者在相关市场的市场份额,以及相关市场的竞争状况;(二)该经营者控制销售市场或者原材料采购市场的能力;(三)该经营者的财力和技术条件;(四)其他经营者对该经营者在交易上的依赖程度;(五)其他经营者进入相关市场的难易程度;(六)与认定该经营者市场支配地位有关的其他因素。"

种后果,应当如何预防不良后果的发生;第五,是否需要设置相关机制辅助对前述披露内容的解释工作。

在算法责任机制方面,也需要更加细致的规则构建。一个常见的讨论是算法责任问题在侵权法上如何定性。例如,德国学者格哈德·瓦格纳曾经运用教义学方法分析自助系统应当适用产品责任,而不是生产者责任。[1]笔者认为,为了防止侵权法责任规则对技术发展的压制,应当建立起类似于机动车交通事故责任强制保险那样的保险机制,以平衡权利保护与技术进步,在此基础上可以适用或类推适用我国侵权法上的产品责任。而在刑事司法程序场合,由于算法产品涉及重要的基本权利问题,应当将算法责任机制与准入制度挂钩,根据算法表现进行动态评级,调整法院的公共服务购买清单。

(二) 司法:明确算法决策的辅助地位

目前,许多法律科技公司都在开发基于大数据的类案推送工具,以帮助法律从业者更好地从事法律工作。在司法审判领域,面对各类算法决策工具,首先需要明确的是,算法决策工具不能起到对法官的替代作用,只能起到辅助裁判的作用。算法只能扮演辅助裁判角色的原因如下:第一,解释和运用法条的工作本身蕴含着价值判断的要求,这个任务必须由有着同理心的人类法官完成,而不能纯粹诉诸技术理性,否则人的主体性地位可能会受到威胁;第二,尽管算法可以通过训练,识别尽可能多的相关关系,从而揭示在隐藏既有判决之下的影响因素,但是由于数据质量、数量、算法、算力等方面总存在着局限性,因而未必能够完全揭示出人类意识中的全部自变量;第三,如前所述,算法本身可能继承了人类既有的偏见,而这些

---

[1] See Gerhard Wagner, "Produkthaftung für autonome Systeme", *Working Paper No. 3 des Forschungsinstituts für Recht und digitale Transformation* (2019).

偏见需要有修正的机会,机器本身无法完成这样的修正,只有人类法官才有可能在裁判中纠偏;第四,算法所展示出的结果过于倚重聚类数据,因而在输出的结果上灵活性较低,交由人类法官作出终局性判断,既能让法官发挥必要的自由裁量权,也是"卢米斯案"所肯定的被告享有个性化裁判权利的体现。

在明确了算法决策的辅助地位之后,我们需要讨论算法应当在何种程度上发挥辅助作用。"卢米斯案"给我们的一个启示是:法官应当注意到风险评估算法只代表对历史数据的分析,而判决要充分考虑到本人在本案中的独特性。但是,诚如上文提到的批评意见所说,法官并不是专业的科学家,即使开发商或使用者提交了书面风险警示,法官们也无从辨别算法在多大程度上是不可靠的。因此,在广泛地培养起精通技术的专门法官之前,将识别算法风险的责任全部分配给法官并不是明智之举。我们应当从法院居中裁判的传统智慧中寻找替代性方案。正如举证责任规则所揭示的那样,法官的义务并不在于发现自然事实,而在于确定法律事实。因此,允许双方对风险评估算法加以举证质证、攻防辩论,再由法院根据双方提交的证据和意见进行裁判可能是更好的办法,这也使得像卢米斯这样的被告的正当程序权利能够得到保护。

开放法庭辩论的重要前提就是要确保辩论双方能够掌握重要的信息,因此必须确立这个场景下的算法透明度规则。对此,我们仍然可以沿用前文提到的场景化的分析框架:

(1)利益冲突。如同"卢米斯案"所揭示的那样,最为显著的利益冲突就是被告人的正当程序权利与开发商的商业秘密权利之间的冲突。在这个场景中,算法评估工具实际上扮演的是类似于法官的角色,属于国家机器一方,因而对于算法背后商业秘密的保护,应当遵循打击犯罪和保障基本权利的平衡框架。原则上应当认为,对开发商商业秘密的保护要以保护被告人的正当程序权利为界限。

(2)披露对象。首先需要回应的问题是有些学者提出的只能使用开源算法的方案,因为如果使用开源算法,就无须讨论披露范围的问题。对此,笔者认为,不同于技术成熟阶段,在技术起步阶段强求算法开源是不切实际的。只有在自由竞争的市场环境下才能够催生出更加成熟的技术。而算法的专有属性会为算法开发商带来商业利益,这会促进其参与市场竞争。因此,现阶段不应当要求算法开源,也不应当将其披露给全体公众,而是应当只向特定利益相关方进行披露。

那么,哪些人构成利益相关方呢?如果按照前述理解,算法代表追诉犯罪的国家机器,因而风险评估算法实际上接近于《刑事诉讼法》规定的"案卷材料"的地位。根据《刑事诉讼法》第40条的规定,辩护律师享有阅卷权。因而,辩护律师应当属于披露对象范围。尽管《刑事诉讼法》尚未明确规定犯罪嫌疑人、被告人的阅卷权,但是学界一直在呼吁法律规定此项权利。[1]从算法的特性来看,不同于其他案卷材料,算法不会引发犯罪嫌疑人、被告人翻供等风险,而对犯罪嫌疑人、被告人披露此项信息,是其行使自辩权的基础。那么,公诉人是否属于披露对象?笔者认为,对此应该作出肯定的回答。首先,如果在国内推行类似于COMPAS的算法,其提交法院的方式应当是类似于今日检察院递交的量刑建议书,公诉人作为将算法带入刑事审判程序中的一方,应当同时将使用算法的风险信息以及判断此项风险的必要信息同步带入法庭之中。其次,如果公诉人不享有获取相关信息的权利,就无法在庭审中完成我们

---

[1] 参见陈瑞华:"论被告人的阅卷权",载《当代法学》2013年第3期;白冰:"论被告人阅卷权的理论基础",载《时代法学》2016年第4期;等等。

所预期的攻防对抗过程，无法将算法的风险更完整地展露出来。最后，基于公诉人的强势地位，要求开发商仅向犯罪嫌疑人、被告人及其辩护律师一方披露是不现实的。由于法官处于居中裁判地位，需要审查双方就算法风险提交的证据和意见，因而也必然属于披露的对象。正如前面许多文献所指出的，算法披露未必导致算法能被理解，因而法庭可能需要新的角色来担任技术方面的"翻译"。《刑事诉讼法》第 197 条第 2 款规定的"有专门知识的人"可能会胜任这一角色。因而，公诉人、当事人和辩护人、诉讼代理人如果提出申请，有专门知识的人也当然应当成为披露对象。综上所述，披露对象应当包括犯罪嫌疑人、被告人及其辩护律师、公诉人、法官以及有专门知识的人。

（3）披露内容。需要说明的是，要想帮助法庭提高识别算法风险的能力，仅仅披露"卢米斯案"要求的书面警示事项是不够的，因为这更类似于格式条款中的免责性文字，而无助于量化算法的可靠性。因而，必须尽可能多地披露算法背后的细节。最基本的要求是披露全部自变量及其权重，因为从中可以直接分析出有无歧视性的因素以及不成比例的因素。当被告人及其辩护律师对所披露的这些内容产生合理怀疑时，则有权要求披露算法的源代码乃至训练数据集，以便委托有专门知识的人介入核实。

（4）披露风险及预防。要求算法披露最核心的一个风险就是对商业秘密的侵蚀。对此，《刑事诉讼法》第 54 条、第 152 条、第 188 条也提供了参照，即对于涉及商业秘密的证据应当保密，对于涉及商业秘密的案件，当事人申请不公开审理的，可以不公开审理。既然算法背后的主要法益仍然是商业秘密，那么完全可以参照前述法条构建规则，尽可能阻断商业秘密的扩散。具体而言，一方面，应当要求披露对象负有保密义务，可以在庭审前要求他们签订保密责任书；另一方面，对于涉及算法商业秘密的案件，算法开发商有权要求不公开审理，或者要求涉及算法商业秘密的庭审不公开。至于违反保密义务的行为则可以依照《侵权责任法》《反不正当竞争法》的框架进行处理。

（5）配套机制。为了促进针对算法辩论的有效性，可能的配套机制是培养起针对算法风险分析的专门鉴定机构。此外，由于我们明确了算法的辅助裁判地位，我们应当在允许算法辅助裁判的同时，及时对算法风险评估技术的科学成果加以推广。如果算法评估产生了稳定的、非歧视性的、经严格论证后被认为合理的相关性结论，可以适时将其提升为司法解释中的法定量刑因素，以便在使用算法的案件和未使用算法的案件中获得较为统一的裁判结果，维护刑法的稳定性和权威性。

（三）行业标准：构建伦理标准和技术标准

针对"卢米斯案"的分析揭示了算法可能继承和扩大的道德风险，也显示出开发商可能会出于商业考虑或技术不完备而引发系统性的歧视与误判。对此，算法开发商内部应当增强行业自律，并及时总结经验，制定相关的伦理标准和技术标准。

人工智能的发展面临着多元利益的权衡，因而需要制定行业共同遵循的伦理框架。例如，欧盟发布了"可信赖 AI 的道德准则"，其中规定了七项治理原则：①人工代理和监督；②技术的鲁棒性[1]和安全性；③隐私和数据治理；④透明度；⑤多样性、非歧视和公平性；⑥环境和社会福祉；⑦可问责性。[2] 尽管如何确定算法公平的内涵仍然是一个难题，但是这

---

[1] 计算机行业术语，即稳定性。

[2] See European Union, "Digital Single Market, Ethics Guidelines for Trustworthy AI", available for download from https://ec.europa.eu/digital-single-market/en/news/ethics-guidelines-trustworthy-ai (last accessed April 19, 2019).

不应当阻碍行业自律的有益尝试。算法公正的共识可能需要在行业内部讨论中才能达成。同时，诚如学者所说，算法暴政的根源不在于算法，而在于开发和使用算法的人。制定伦理标准可以完成对开发者的道德培训，使得技术人员在开发算法时可以增强警惕道德风险的意识，从而减少算法中的歧视和偏见。

如果说伦理标准可能是一项较为宏观的展望，那么技术标准则更具可操作性。技术标准不仅旨在控制质量的稳定性，也是对道德风险的系统性预防。笔者建议，应当根据算法操作的全过程设置各项技术标准。①在数据输入阶段，应当保证数据的质量，避免"垃圾进，垃圾出"（garbage in，garbage out）的现象，要规范个人信息特别是个人敏感信息的使用，注重数据的精确性，也要注重各类人群数据量上的均衡，在进行数据标注时要准确分类。②在数据分析阶段，应当保证算法的中立性和准确性，通过设置严格的技术标准多角度地检测算法中可能存在的歧视性风险，避免在分类中遗漏重要的相关变量。③在数据输出阶段，应当根据技术发展水平，尽可能在输出结果的同时，同步输出各项自变量及其权重，乃至对关键算法的解释，以便算法使用者更好地判断该算法的风险。

结　论

"卢米斯案"是人工智能规制过程中一个颇值关注的案件，它涉及算法风险与正当程序规则之间的平衡。尽管法院在判决中驳回了被告的主张，但该案涉及的问题引发了更为深远的讨论。学者认为，"卢米斯案"判决低估了COMPAS算法的准确性、歧视性和透明度风险，判决中的建议也因为忽略了法官识别算法风险的能力和意愿而不具备可操作性。在"卢米斯案"之外，由于算法在社会生活中越来越普遍地存在，算法暴政的风险也变得无处不在。为了应对算法权力异化问题，欧盟在 GDPR 中设计了算法可解释性规则。但是，该规则在文本上存在着解释论争议，学者们对这项规则的正当性也有着不同看法。从实践效果来看，可解释性规则在可行性和有效性方面也存在着弊端。在探索构建算法透明化与责任体系方面，学界存在着各种各样的声音，但尚未达成一致方案。但总的来说，算法透明原则仍然是最大的共识，也有着较为有力的论证支撑。

"卢米斯案"及其引发的争议启示我们，在面对算法风险时，应当采取立法、司法与行业自律多元化规制的策略。在立法方面，我们应当对算法透明原则进行细化，制定场景化的算法透明和责任规则。在司法方面，我们应当明确算法决策仅具有辅助性地位，不能替代人类法官进行判案，我们还要认识到算法的商业秘密利益应当以被告人的正当程序权利为边界，利用现有的刑事诉讼法资源，设计出更为精细的算法透明制度，使得围绕算法风险的法庭辩论得以展开，从而尽最大努力消解由算法风险带来的损失。在行业自律方面，我们要鼓励算法开发者协商制定出伦理标准和技术标准，以促进算法正义。

（江溯："自动化决策、刑事司法与算法规制——由卢米斯案引发的思考"，原载《东方法学》2020 年第 3 期。）

作为算法的法律

蒋 舸[1]

摘要：法律与算法都是为实现特定目标而构造的指令集。两者都以过滤信息、建构模型为手段，具有降低认知负担、提高认知效率的功能。算法设计中的一些基本原则可以供法学参考。作为初步尝试，法学可以关注算法在认识论层面遵循的一些规律，例如关注信息成本、警惕类型化程度、视情况选择不同复杂度的消解方案，以及重视框架效应的影响等。透过算法的视角观察法律不以在执行层面将法律代码化为目标，但致力于在结构层面提供反思法律的新视角。

关键词：算法；指令集；认知模型；信息成本；框架效应

在过去的六十余年中，香农、西蒙和明斯基等人工智能先行者在达特茅斯会议上激起的思想水花逐渐成长为波涛汹涌的浪潮。一浪接一浪的科技进步在推动社会进步的同时，也给法学界抛出了一个接一个的难题。如果我们浏览近年来法学期刊上关于人工智能的文章，得到的印象恐怕接近"一头冲进瓷器店的大象"，正让传统的法律体系应接不暇：隐私权受到的威胁

---

[1] 社科基金项目"创新社会化趋势对知识产权法的挑战及应对研究"（17BFX113）阶段性成果。感谢"比较法学与跨文明对话会议"上各位专家提出的意见。文责自负。

如何化解?[1]算法歧视怎么处理?[2]自动驾驶的责任如何分配?[3]智能投资顾问如何规制?[4]人工智能生成物是不是作品?[5]人工智能的伦理规范、[6]伴生风险[7]和制度安排[8]怎么规划？总之，在针对算法和法律关系的研究中，算法主要是作为问题而存在的。

但是，算法之于法律未必只意味着问题，还可以提供工具。此处所谓工具，不是"法律代码化"[9]意义上的技术工具，而是方法论意义上的思维工具。计算科学以制造智力替代物为己任，因此它不仅关心知识获取的结果，而且探索知识生产的过程。它有意识地整合了计算机科学、心理学、逻辑学、哲学等各领域的成果，总结出一系列知识生产的规律。法律同样是知识，在社会日趋复杂的背景下同样有必要对本领域的知识

---

[1] 王利明："人工智能时代对民法学的新挑战"，载《东方法学》2018年第3期。

[2] 丁晓东："算法与歧视从美国教育平权案看算法伦理与法律解释"，载《中外法学》2017年第6期。

[3] 冯珏："自动驾驶汽车致损的民事侵权责任"，载《中国法学》2018年第6期。

[4] 高丝敏："智能投资顾问模式中的主体识别和义务设定"，载《法学研究》2018年第5期。

[5] 王迁："论人工智能生成的内容在著作权法中的定性"，载《法律科学（西北政法大学学报）》2017年第5期。

[6] 刘宪权："人工智能时代机器人行为道德伦理与刑法规制"，载《比较法研究》2018年第4期。

[7] 张吉豫："人工智能良性创新发展的法制构建思考"，载《中国法律评论》2018年第2期。

[8] 吴汉东："人工智能时代的制度安排与法律规制"，载《法律科学（西北政法大学学报）》2017年第5期。

[9] 马长山："智能互联网时代的法律变革"，载《法学研究》2018年第4期。"法律代码化"有时也被表述为"法律算法化"，参见郑戈："算法的法律与法律的算法"，载《中国法律评论》2018年第2期。

生产过程展开更深入的研究。既然如此，我们就有理由推测计算科学领域关于知识生产的规律有可能被挪用到法律领域，被用于解构法律领域的知识生产过程、实现更好的知识生产结果。

文章前两部分致力于回答基础问题：法律和算法具有可比性吗？算法研究体现了值得法学借鉴之处吗？在对这两个问题做出肯定回答之后，文章将尝试借用算法中一些浅显但重要的规律来观察法律，比如重视信息成本、理性对待认知模型的精细化程度、分门别类地化解复杂性问题以及刻意关注框架效应的影响。

一、法律与算法在认知效率方面的共性

算法（algorithm）一词源于9世纪波斯数学家花拉子模（al-Khwarizmi）的名字。他强调求解问题应当遵循有条理的步骤，这种条理性后来被视为算法的核心。[1]在形式化的意义上，算法被定义为"一种有限、确定、有效的并适合用计算机程序来实现的解决问题的方法"。[2]而在不那么形式化的意义上，"算法是为实现某个任务而构造的简单指令集。在日常用语中，算法有时称为过程或处方"。[3]无论从哪种定义方式出发，算法与法律的共通之处都非常明显：算法形式化定义中的核心特征是"有限、确定和有效"，这与法律不谋而合：有限性（finiteness）指算法必须能在执行有限步骤后终止，这与司法程序不能不计

---

[1] [美]达斯格普塔（Dasgupta）等：《算法概论（注释版）》，钱枫、邹恒明注释，机械工业出版社2009年版，第2页。

[2] [美]塞奇威克（Robert Sedgewick）、韦恩（Kevin Wayne）：《算法：第4版》，谢路云译，人民邮电出版社2012年版，第1页。

[3] [美]迈克尔·西普塞：《计算理论导引》（原书第3版），段磊、唐常杰等译，机械工业出版社2015年版，第114页。

代价地探索个案正义而只能追求案结事了异曲同工。确定性（definiteness）指算法的每个步骤都有确切定义，这与法律对概念清晰和体系一致的追求遥相呼应。有效性（effectiveness）指算法中执行的任何步骤都可以被分解为基本的、可执行的操作步骤，这与法律文本需要采用含义明确、可被理解的表达可谓殊途同归。[1]而算法非形式化定义中涉及的"指令集、过程和配方"更是形象地展现了法律调整社会关系的形式。算法不等于程序文本，正如法律不等于立法文本。算法和法律都是统辖具体文本的、为解决特定问题而创造出的行之有效的方案。

人们之所以需要借助算法来解决问题，是因为需要借助认知模型将认知负担控制在合目的的范围内。现实世界包含了太多变量，在全面把握这些变量的基础上进行决策是不可能的，因为这大大超出了人有限的认知资源和执行能力允许的范围。例如，假设有考生想提高投掷实心球的成绩，那么理论上他可能需要考虑的因素异常众多，因为会对实心球投掷距离产生影响的不仅仅有出手速度和出手角度，还有风速、风向、海拔甚至是地球的自转和月球的潮汐影响。指望考生自行总结各个变量对投掷距离的影响并据以提高成绩，显然是不现实的。考生既不具备足够的认知资源进行总结，即使总结出来也无法执行。在此情况下，向考生提供一个简单指令集（尽量提高出手速度，并且保持45度的出手角度），就是降低考生认知负担、提升行动效率的最佳算法。这个算法起到了"现实转换器"的作用，通过将算法设计者掌握的宝贵经验反映在算法中，成功地将难以处理的真实世界转换为可掌控的操作对象。作为"现实转换

---

［1］ 关于有限性（又称有穷性）、确定性（又称确切性）和有效性（又称可行性）的解释，参见 https://baike.baidu.com/item/%E7%AE%97%E6%B3%95.

器"的算法，一头连接着真实世界，另一头连接着决策者的期待，其内部设计自然会根据决策者的期待变化而发生改变。例如同样是求最佳抛物线的算法，当目标是提高洲际导弹射程时，合理的算法显然不可能和提高实心球投掷成绩一样简单，而是会建立复杂得多的指令集，把在实心球背景下被认为不合目的的变量统统纳入考虑范围。[1]只要人们不满足于跟着感觉走，而是想从混沌的现实世界中提炼出指导决策的方案，便都需要构建认知模型，或者说都需要设计算法。

社会之所以需要法律，在很大程度上同样是因为真实世界包含的变量太多，需要过滤、整理，形成有效的认知模型。以专利法为例，它要解决的问题异常复杂：社会需要在保护带来的边际福利增长和边际福利损失之间进行比较，前者不仅受制于研发的社会成本与收益，而且与市场先发优势、技术措施、商业秘密、发明冲动等激励发明的替代安排相关；而后者也不仅涉及公众不能自由利用发明带来的社会损失，还包括资源分配不均引发的社会问题。要判断这些因素中的每一项已经很困难，更何况还需要针对医药、化学、电子及机械等众多高度异质的行业考虑所有因素。[2]很难想象如果要求裁判者在没有任何法律的情况下来确定个案中发明人和使用者的行动自由边界，裁判者会多么无所适从。所幸专利法提供了将决策者从信息洪流中解脱出来的指令集。这套指令集将需要搜集的相关信息分拣到客体、权能、限制、救济和主体五个环节中，并在每个环节下划分出不同层次的子问题，形成了清晰的思维导图。此外，

---

[1] 投掷实心球和发射火箭需要精度不同的认知模型，参见［英］蒂莫西·高尔斯：《数学》，刘熙译，译林出版社2014年版，第1~4页。

[2] 关于各领域的高度异质性以及专利法的对策，参见 Dan Burk and Mark Lemley, "Policy Levers in Patent Law", 89 *Virginia Law Review* 1575 (2003).

不同问题被分配给不同机构判断,以确保子问题的最佳解决方式恰好与其解决者的知识结构和工作流程相匹配。比如,客体问题主要由专利行政审查部门负责进行判断,他们的技术背景有助于快速判断客体适格性、实用性、新颖性、创造性和申请文件的公开程度。如果申请人获得授权,实际上是社会做出了一个初步判断,认为将独占权交给申请人有利于社会总福利。对于大部分授权专利,算法进行到这一步就够了,因为大部分专利不会陷入纠纷,无须社会在一开始就花费大量计算资源去澄清排他权的精确范围。[1]不过如果发生争议,社会就需要启动算法的其他环节,看被告是否从事了制造、使用、销售、许诺销售或者进口行为(权能);原告对上述行为的控制在案件中是否应受限制(限制);以及被告是不是需要停止侵权,如何赔偿原告损失(救济)。专利法中的许多指令都需要调取既有数据,包括判例、教义和比较法知识。只有通过专利法,社会才能将相关社会领域中混沌的现实转换为各环节裁判者可处理的问题,从而达到降低认知负担、提升认知效率的目的。专利法实际上就是专利领域社会福利最大化的算法。

法律具有算法属性并不令人惊讶,因为现代法律总体而言以理性主义为基础,而算法同样是理性主义的结晶。理性主义不满足于零散的经验,而要对其进行修剪与排列,制成结构化的知识,以便将混沌的现实分拣到整齐的认知框架里面。从计算的角度看待法律的态度其实一直存在。霍布斯早在17世纪就曾说:"政治学著作家把契约加起来以便找出人们的义务,法律学家则把法律和事实加起来以便找出私人行为中的是和非。……用得着加减的地方就用得着推理,用不着加减法的地

---

[1] See Mark Lemley, "Rational Ignorance at the Patent Office", 95 *Northwestern University Law Review* 1495, at 1495 (2001).

方就与推论完全无缘。"〔1〕到了18世纪的边沁笔下，法律的算法性质更加明显："功利原理是指这样的原理：它按照看来势必增大或减小利益有关者之幸福的倾向，亦即促进或妨碍此种幸福的倾向，来赞成或非难任何一项行动。"〔2〕在极端的功利化思路中，幸福可以通过快乐而增加或者因为痛苦而减少，变化的程度受快乐或痛苦的强度、持续性和必然性影响。在定下这些公理之后，法律的任务就是画好社会福利的坐标系，写好加减幸福的算法，导入参数、带入变量，得出最大幸福的结果。霍姆斯在19世纪断言道："未来学习法律的人是掌握了统计学和经济学的人。"〔3〕到了20世纪，数理逻辑更是堂而皇之地以"经济"之名在法学领域攻城略地。在法经济学的视野下，法学不仅必然包含计算，还需要借助边际、均衡和博弈的概念以及表格、公式和坐标系等符号被重新加以表述。法学研究在把法律当成计算指南方面早已走出很远，只是因为人们没有给法律冠以算法之名，所以不曾有意识地把两个学科勾连起来而已。

二、法律与算法在方法论自觉上的差异

法律和狭义的算法在探索认知规律的自觉性方面有所差异。总体而言，狭义算法在发展过程中积累了更多的元认知经验，而法律算法的设计者却往往不那么关心元认知。

狭义算法的设计者在大部分发展阶段中都能依附在价值无涉的保护伞下，自由探索并运用认知规律。在追求"算得更好"

---

〔1〕［英］霍布斯：《利维坦》，黎思复、黎廷弼译，商务印书馆2013年版，第28页。
〔2〕［英］边沁：《道德与立法问题导论》，时殷弘译，商务印书馆2012年版。
〔3〕 Oliver Wendell Holmes, "The Path of the Law", 10 *Harvard Law Review* 457, 469 (1897).

的过程中,狭义算法的设计者通常不会受到来自价值观、公平感或其他顾虑的干扰。当研究机器翻译的科学家意识到与其让机器先理解自然语言再进行翻译(所谓基于规则的翻译),不如让机器直接寻求两种语料之间的数学关联(所谓基于统计的翻译)时,他们实际上把语言理解这个智能问题"降格"为了计算问题。[1]不过,在这种观念转变传导至大众关心的价值领域之前,科学家们无须就他们对智能的态度接受大众的质询。直到算法的运用领域中出现了自动驾驶、[2]算法杀熟、[3]影响选举[4]等越来越多牵扯强烈价值判断的问题,算法非技术性的一面才会进入主流舆论的视野。

  法律则从来没有享受过价值无涉的保护,而是必须持续回应公众的价值观期待,从而发展出一套貌似与计算无关的话语体系。法律对计算理念的排斥感,是法律难以像狭义算法那样始终保持对计算方法本身高度自觉的第一个原因。法律被视为关于正义与非正义的学问,千百年来处理的都是自由、尊严、公平、道德等带着浓厚价值意味的对象。对于每一代法律人而言,这些对象已经在很大程度上被给定,并不会因为法律人宣称自己在计算对象或者计算方法上产生了洞见就发生改变。加之社会也需要借助稳定的共同想象来维系基本秩序,因此包括法律在内的社会制度倾向于把这些对象视为神圣不可侵犯的。

---

  [1] 吴军:《数学之美》,人民邮电出版社2014年版,第15~26页。
  [2] 例如"德国交通与电子基础设施部伦理委员会发布的《自动与联网驾驶》报告(2017)",https://www.bmvi.de/SharedDocs/DE/Publikationen/DG/bericht-der-ethik-kommission.pdf?__blob=publicationFile。
  [3] "大数据何以'杀熟'?——关于差异化定价法律规制的思考",载《上海法治报》2018年第5月16日。
  [4] "从Facebook数据泄露看大数据法律的'痛点'",载《社会科学报》2018年4月12日。

如果要把这些对象从目的降格为手段，难免会与公众更容易接受的法律理念相抵触。

法律难以像狭义算法那样始终保持对计算方法论的高度自觉，第二个原因是两者在本质上的确存在重大差别。如果从数学的角度来理解狭义的计算，就会看到狭义的计算是在一套人为定义的自洽系统内部进行符号推演。至于该系统是否与外部世界相匹配，这并非是需要优先考虑的问题。数学强调的抽象性可以被理解为一种向内推演而不向外求证的态度。"公理系统的主要问题并不是公理的真实性，而是公理的自洽性和有用性。"[1]这种自给自足型的思维方式不能满足法律的需求。虽然法律也是一套符号体系，但这套体系却必须是开放的，根据时代发展不断调整符号及其相互关系的定义，不可能像数学那样以公理系统内部推演为终极追求。

法律难以像狭义算法那样始终保持对计算方法论的高度自觉，第三个原因是法律领域的计算效果并不总是那么值得信任。计算者固然可以宣称公平正义本属效率的一部分，从而将所有的社会问题都转化为计算问题，但这难免会使效率变成无所不包、难以证伪的概念，并不能使众多法益衡量问题在操作层面迎刃而解。因为计算以不同价值的通约为前提，而在利益衡量中真正困难的恰恰是通约本身而不是通约后的计算。例如，要回答个人的信息自决诉求与社会的信息产业发展如何协调的问题，难点在于个人安宁和产业发展分属不一样的心理账户，因此哪怕在个人层面也很难被完全理性地通约，更何况要通过立法在社会层面对二者进行通约，阻力自然更大。价值越难客观化的对象，在计算中越难处理。针对伦理、公平等道德意味浓

---

[1] 投掷实心球和发射火箭需要精度不同的认知模型，参见［英］蒂莫西·高尔斯：《数学》，刘熙译，译林出版社2014年版，第41页。

烈的对象，计算者固然可以采取近似、估算等诸多手法，但难免会给人回避道德难题的印象。[1]计算能够告诉我们如何实现目标，却很难告诉我们目标是什么，更无法告诉我们目标应该是什么。所以，法律与计算之间的隔膜不仅由来已久、根深蒂固，未来也无法彻底消除。这种状况使得法律尽管具有计算的属性，但专门针对这部分属性展开的研究并没有登上主流研究的大雅之堂。

三、从算法角度看待法律的尝试

法律其实与许多算法规律遥相呼应，但这种契合更多的是自发的，而非自觉的。下文将进行非常初步的尝试，透过算法设计中一些浅显但重要的规律来观察相应的法律问题。

(一) 重视信息成本

在计算科学的视野中，信息成本从来都是问题不可分割的部分，脱离信息成本讨论方案的优劣是没有意义的。因为多获取信息就意味着硬件需求的提高或者运算时间的增加，当信息成本大于信息收益时，理性的计算者就不会固执于更精确的计算结果了。这和我们不愿意花10分钟去想一个能节约5分钟的新方案的道理是一样的。

在部分法学领域，对信息成本的重视正在帮助人们逐渐加深对制度动力的理解。例如，在财产法领域，信息成本的概念为人们看待物权法定提供了有益的视角。物权法定不仅在大陆法系是物权法的基本原则，而且在普通法系也作为不成文制度

---

[1] 这类似于有学者对比例原则的批评，认为该原则不过是将价值冲突转化为技术问题，将难以计算的问题转化为计算问题，这种转换并不能真正解决问题，而只能回避实质讨论、掩盖深层矛盾。Urbina Francisco, "Is it Really that Easy: A Critique of Proportionality and 'Balancing as Reasoning'", 27 Can. J. L & Juris. 167.

被尊重。[1]传统解释指出物权法定能够促使物尽其用并确保交易安全。前者意在避免给所有权上任意设置负担给物之利用造成障碍,后者强调物权之得丧变更应当尽量透明。[2]从信息成本的角度看,这两个理由都在表述同一道理,即应当减轻公众的认知负担,防止公众在了解法律之外另行付出信息成本才能明确自己行动自由的边界。既然如此,物权法定本身也就从绝对不可更改的原则降格为了节省信息成本的工具,社会只有通过比较这项工具的成本和收益才能确定其适用范围。一方面,物权法定的收益是公众的认知经济性,即消除了公众在法律之外另行了解影响行动自由边界的必要性。另一方面,物权法定的成本是公众为信息误差付出的代价,即不精确的行动自由边界所减损的社会福利。例如,潜在生产者知道生产成果不在法定物权保护范围之内因此不进行生产。只有当物权法定带来的认知经济性收益大于信息误差损失时,物权法定才是得偿所失的。反之,如果我们确信物权法定带来的认知经济性收益小于信息误差损失,就没有理由再坚持物权法定原则的刚性。当然,我们通常推断物权法定在大多数情况下给公众带来的认知经济性收益很大,而信息误差代价很小。所以,总体而言,物权领域的秩序从法定出发要比从意定出发更加合理。但信息成本理论毕竟将物权法定原则解构为了实现更加宏观的社会目标的手段,因此在理论上不可能坚持物权法定的绝对性。就此而言,有所缓和的物权法定立场是法律发展的必然选择。[3]

---

〔1〕 Thomas Merrill and Henry Smith, "The Optimal Standardization in the Law of Property: The Numerus Clausus Principle", 111 *Yale Law Journal* 1, at 9~23 (2000).
〔2〕 崔建远:《物权法》(第3版),中国人民大学出版社2014年版,第20页。
〔3〕 关于物权法定缓和的讨论参见王利明:《物权法研究》(上卷),中国人民大学出版社2013年版,第160~163页。

但在相当多的其他法学问题上，信息成本在制度设计中的作用还远远没有被充分、自觉地意识到。我们更习惯从本体论层面的"是什么"角度去观察规则，而很少从认识论角度的"如何做"角度去思考规则形成背后的动力。举例而言，甚至在以信息生产和利用本身作为调整对象的知识产权领域，实务界和理论界也还没有培养出对信息成本的敏感。针对具体知识产权部门法和兜底条款（例如反不正当竞争法一般条款）关系的研究长盛不衰，但至今仍然没有得出能够很好地指导实践的结论。法院在面对游戏规则、[1]人物角色等作品要素、[2]游戏赛事直播音像视频、[3]体育赛事节目、[4]同人作品[5]和深度链接[6]等非典型客体和非典型利用方式时，均轻易地否定了具体知识产权部门法的适用可能性，转而用兜底条款追求所谓的实质正义。兜底条款泛滥的原因在很大程度上正是源于既有理论在解释具体知识产权部门法和兜底条款关系时的局限。无论是补充保护说、知识产权法定主义还是有限补充保护说，关心的都是具体知识产权部门法和兜底条款的内涵，而没有探讨认知规律在内涵形成过程中的影响。如此一来，当问题既具备知识产权内涵也具备竞争内涵时，既有理论在法律适用问题上便束

---

[1] 暴雪娱乐等与游易科技，上海市第一人民法院［2014］沪一中民五（知）初字第23号。

[2] 完美世界（北京）软件有限公司等与昆仑万维科技股份有限公司等，北京市第一中级人民法院［2014］一中民初字第5146号。

[3] 上海耀宇文化传媒有限公司与广州斗鱼网络科技有限公司，上海市浦东新区人民法院［2015］浦民三（知）初字第191号。

[4] 央视国际网络有限公司与华夏城视网络电视股份有限公司，深圳市福田区人民法院［2015］深福法知民初字第174号。

[5] 查良镛与杨治等，广东省广州市天河区人民法院［2016］粤0106民初12068号。

[6] 北京易联伟达科技有限公司与深圳市腾讯计算机系统有限公司，北京知识产权法院民事判决书［2016］京73民终143号。

手无策了。而如果研究者愿意从认识论的角度看待问题，将发现知识产权法和兜底条款绝不仅仅在调整"什么"这一问题上有区别，而且在"怎样"调整这一问题上同样存在显著差异。专利法、著作权法和商标法等具体知识产权部门法提供了结构化的认知框架——心理学所称之"图式"（schema）——来分拣和处理信息。[1]法院在这些图式的指引下无须自行在信息洪流中探索解决有条理的解决方案，而是只需要逐一回答客体、主体、权能、限制和救济环节的子问题和子子问题即可得出答案。兜底条款则是非结构化的空洞指令，难以被拆分为"有限、确定、有效"的可执行步骤，因此也不能起到降低认知负担、提高认知效率的作用。基于同样的道理，具体知识产权法图式也有助于降低公众的认知负担，提高行为结果的可预见性，从而促进各个社会成员在恰当的行动自由边界内发挥自己的比较优势，提升社会福利。既然如此，当法院面对非典型创新成果和非传统利用方式提出的新型创新利益分配问题时，自然应当优先考虑拓展知识产权图式，因为它们作为结构化经验的认知效率远远高于非结构化的兜底规范。只有当把新情况放在图式下处理会过度扭曲图式的含义、导致认知经济性收益大幅下降的时候，法院才需要考虑将新情况放在兜底规范下处理。总而言之，影响具体知识产权法与兜底条款并存这一法律结构的绝不仅仅是直观感受层面调整对象所属的社会领域，还包括人的认知能力。只有在本体论维度的基础上增加认识论维度，我们才能更好地理解为什么许多法律结构如其所是。在此基础上，我们才有可能以符合认知规律的方式对这些法律结构予以发展。

---

[1] ［美］凯瑟琳·加洛蒂：《认知心理学：认知科学与你的生活》，吴国宏等译，机械工业出版社 2015 年版，第 122~123 页。

(二) 确定合理的类型化程度

在科技进步和社会结构加速演变的今天，已有的类型化规则比过去更容易显得不敷用，从而累积了更多的寻求新类型化规则的冲动。这种冲动在民法、[1]刑法、[2]程序法[3]等众多领域都有表现。尤其是随着新经济形态的兴起，如何调整与传统经济领域在表现形态上存在显著差异的各类社会关系，成为立法、司法和学界不得不关心的问题。针对平台用工、电子交易合同、平台组织形式、消费者权益保护以及平台竞争等问题引入新的类型化规则，"除了车辆共享，有必要针对房屋共享、信息共享、技能共享等经济类型单独立法加以规制"，这样的建议显得水到渠成。[4]不过，我们在推进类型化的过程中，有必要对类型化的最优程度保持警惕。传统上，我们更多地强调类型化不足的弊端，而少有针对类型化过度的讨论。这和法律的目标是通过建立认知模型来降低认知负担是一脉相承的。毕竟，如果法律完全不能为公众和裁判者提供认知红利，又从何维护自身的裁判正当性呢？所以，在传统上，我们倾向于追求更加精细的类型化，而将非类型化（例如一般条款）视为"人类在规范的设计上尚有力不从心之处"的表现。[5]在哈特看来，使用开放文本是人类"困境"的体现，是"不可避免的事实"，

---

[1] 李岩："公序良俗原则的司法乱象与本相——兼论公序良俗原则适用的类型化"，载《法学》2015年第11期。
[2] 于志刚、李源粒："大数据时代数据犯罪的类型化与制裁思路"，载《政治与法律》2016年第9期。
[3] 例如张艳："虚假诉讼类型化研究与现行法规定之检讨——以法院裁判的案件为中心"，载《政治与法律》2016年第7期。
[4] 蒋大兴、王首杰："共享经济的法律规制"，载《中国社会科学》2017年第9期。
[5] 黄茂荣：《法学方法与现代民法》，中国政法大学出版社2001年版，第301页。

反映了"我们是人,不是神"的无奈。[1]

　　类型化程度对应着算法的精度,或者说认知模型的精度。而在算法领域,设计者并不会一味提高认知模型的精度,而是会比较提高认知模型精度所获得的认知经济性收益和伴随模型精度提高而产生的成本,从而仅仅在细化模型带来的边际收益大于其边际成本时提高模型精度。这和投掷实心球的考生不会采用针对火箭设计的精细算法道理相通。

　　我们在面对类型化程度的问题时,也有必要不仅关注类型化不足的问题,而且注意类型化过度的弊端。尤其是如果以在立法层面提高类型化程度为目标,更有必要警惕类型化过度的现象。因为提高类型化程度不仅意味着巨大的立法成本,而且有可能在司法层面引发更多的寻租成本和误用成本。例如,针对所谓的新型网络不正当竞争行为,实务界和理论界多年来都认为将《反不正当竞争法》的一般条款予以类型化才是解决办法,并在这一思路的指导下于2017年修法时引入了网络不正当竞争条款(《反不正当竞争法》)。该条款固然提高了网络不正当竞争规则的类型化程度,但很可能因其过于细碎和技术化的用语而迅速失去作为行为规范和裁判规范的效果,徒增法院和公众在适用法律时的困扰。如果我们在修法过程中曾经考虑过类型化过度也可能造成问题,网络条款或许是个能够避免的错误。

(三) 有针对性地化解复杂性

　　法律是一种社会设计,而这种设计的根本难题在于问题的复杂度。哈耶克就以"人类交往问题的复杂性"[2]作为个人研

---

[1] [英]哈特:《法律的概念》(第2版),许家馨、李冠宜译,法律出版社2011年版,第117页。

[2] [英]哈耶克:《致命的自负》,冯克利等译,中国社会科学出版社2000年版,第81页。

究的出发点,指出了复杂度之于社会科学问题的关键性:"作为这种经济运算方法之出发点的'数据'或'基据',就整个社会而言,对于一个能够计算其结果的单一心智来说,从来就不是'给定的',而且也绝不可能是如此给定的。"[1]理解系统复杂度的自觉性会影响我们的应对效率。因为如果我们没有意识到复杂度是问题的关键,就很难主动把降低复杂度的思维工具纳入问题的解决方案之中。而如果我们承认复杂度是许多问题的根源所在,就更容易有针对性地寻求理论帮助。算法理论中有多种降低复杂度的方法,本文仅以三种为例说明算法与法律的关联:

第一种降低复杂度的方法可以被概括为"对症下药",也就是"通过弄清问题困难的根源,我们可能会做某些改动,使问题变得容易解决"。[2]这种方法看似简单,但如果立法者不曾有意识地加以运用,仍有可能在面对复杂问题时误症误判。例如,我国早期的知识产权损害赔偿规则只包括实际损失、侵权获利与实际许可费倍数三种计算方法。当法院严格执行传统的民事诉讼证明责任标准时,绝大多数案件中关于损害赔偿的证据都难以推出准确的损害赔偿额度。面对这一司法实际,立法者有两种可能的解读方式:一种是认定问题的根源在于知识产权损害赔偿本身;另一种是认定问题的根源在于特定的计算方式。立法者选择了后一种解读,认为问题不在于知识产权损害赔偿本身的复杂度,而在于实际损失、侵权获利与实际许可费倍数这三种计算方式存在不足,所以将引入法定赔偿作为解决办法。[3]

---

〔1〕 [英]哈耶克:《致命的自负》,冯克利等译,中国社会科学出版社2000年版,第170~172页。

〔2〕 [美]迈克尔·西普塞:《计算理论导引》,段磊等译,机械工业出版社2015年版,第1页。

〔3〕《商标法》(2001年)、《著作权法》(2001年)和《专利法》(2008年)先后引入了法定赔偿。

但接近90%的法定赔偿适用率引发了公众关于滥用自由裁量权的疑虑，[1]法定赔偿从解决问题的工具成为待解决的问题本身，讨论的重点又转而变成如何通过细化法定赔偿规则来解决新问题。[2]无论是当初引入法定赔偿，还是现在细化法定赔偿，没有言明的假设都在于实际损失、违法所得与实际许可费倍数不是容纳自由裁量权的适当规则。但如果深入思考知识产权损害赔偿的复杂性，就会意识到没有任何一种知识产权损害赔偿计算规则能够不依赖巨大的自由裁量权而顺利运作。所以，与其在空洞的法定赔偿规则下试图给法官更加细化的指引，不如承认实际损失、违法所得与合理许可费项下的自由裁量权空间，从而在这三项赔偿规则下更加有效地积累经验。换言之，既然复杂度的根源在于知识产权损害赔偿不可避免的高度不确定性，那么发挥认知主体的能动性、去除制度造成的认知约束、适当降低认知精度的要求，远比将所有的不确定性压缩在空洞的法定赔偿规则中更为合理。

第二种降低复杂度的方法是贪心算法，即在哪怕不能确保全局最优解的情况下，仍然将复杂问题拆分为多个不那么复杂的子问题，通过合并子问题的解来回答复杂问题。这是一种被普遍采用、卓有实效的算法策略。[3]贪心算法一方面和最为基础的分治算法在思路上有渊源，另一方面和实践中经常采用的近似算法有关联。算法并不像部分公众理解的那样，总是能得出精确的答案。真实世界中的算法设计者常常受制于数据采集、分析能

---

[1] 参见詹映：《中国知识产权合理保护水平研究》，中国政法大学出版社2014年版，第129~130页。

[2] 例如王迁、谈天、朱翔："知识产权侵权损害赔偿：问题与反思"，载《知识产权》2016年第5期。

[3] [美]伊恩·古德费洛、[加]约书亚·本吉奥、亚伦·库维尔：《深度学习》，赵申剑等译，人民邮电出版社2017年版，第197页。

力、执行水平等各种约束，只能退而求其次。[1]退而求其次源自西蒙对有限理性的研究。[2]局部最优解虽不完美，但对处于诸多约束之下的真实决策主体而言却常常是现实中最合理的方案。

　　接受局部最优解意味着放弃对完美的追求，这实际上反映了法律一直遵循的模式。面对太过复杂的问题，人们需要在解决方案的速度、质量和普适性之间进行取舍。[3]法律追求的社会福利最大化正是这样一种高度复杂、难以在有限认知资源约束下求解的问题。它同样逼迫决策者在解决方案的速度、质量和普适性之间进行艰难的抉择。此时，法律体系往往为了确保解决方案的速度和普适性，不得不放弃对完美质量的追求。法律必须确保解决速度，是因为法律只有在可容忍的时间内解决问题才能实现作为社会治理手段的价值。法律也必须确保普适性，是因为法律体系唯有具备一致性，唯有当不同个案中利益平衡的思路不至于彼此截然相反时，整个法律体系才能赢得公众信任。相比之下，解决方案是不是最优解反而不那么重要。法律可以被理解为用于规定法定条件与法律后果之间映射关系的函数。理想的最优解法律是能够有效反映系争行为及其法律后果之间映射关系的函数。这个函数既不会过度简单（欠拟合），也不包含不必要的复杂度（过拟合）。可想而知，由于影响行为法律后果的变量极其众多，准确拟合所有变量的函数

---

　　[1] [美] 迈克尔·西普塞：《计算理论导引》，段磊等译，机械工业出版社2015年版，第1、247页。
　　[2] 有限理性是西蒙在经济学领域做出的开创性贡献，也是西蒙获颁诺贝尔经济学奖的主要原因。有限理性的主题出现在西蒙几乎所有的著作中，其中在经济学领域最集中的体现参见 [美] 赫伯特·西蒙：《管理行为》，詹正茂译，机械工业出版社2017年版，第70~133页（第四、五章）。
　　[3] Robert Sedgewick and Kevin Wayne, "Algorithms", 4th Ed., Addison-Wesley, at 921.

(即使存在)也必然超级复杂。这种理论上的"高质量"解决方案如果被转化为法律文本,将会充满晦涩的定义和复杂的引用,无法卒读。其负面效果将远远超过正面效果。所以,在速度、普适性和质量这三个约束解决方案可行性的因素中,法律最适合牺牲掉的就是质量。这种理论推断正与法律实际相符:法律体系通常不会执迷不悟地求取最优解,而是满足于找到足以处理问题的近似解。由此可见,不同部门法的区隔只是降低问题复杂度的手段不同,不同法律部门的目标都是社会福利的最大化。这提示我们需要谨慎对待将部门法区隔强化为本质区别、难以通约的观点,例如当前司法实践中对知识产权和反不正当竞争规则之间"本质区别"的强调,很可能误导人忽略各个子问题背后相同的道理。

第三种降低复杂度的方法可以被称为"以简代繁",即通过回答简单问题来为解答复杂问题提供帮助。数学家曾经指出:"别忘了,人的优势在于:在不能直接越过障碍时会绕过去,在原来的题目看上去不能解时会思考某道适当的辅助题目。"[1]用简单问题替代难题是人频繁采用的认知策略。[2]法律也不例外。为了回答一个部门法提出的复杂问题,立法者会提出一系列相对简单的问题,法官只需要依次回答这些简单问题就能接近复杂问题的答案。在新制度经济学和法经济学中,辅助我们回答困难问题的简单问题可以被称为中介(proxy)。中介多半很粗略,但在进行利益衡量时制度成本更低。[3]有意识地将充斥法律各个角落的概念视为帮助我们解决复杂问题的中介,有助于

---

[1] 参见[美]G. 波利亚:《怎样解题:数学思维的新方法》,徐泓、冯承天译,上海科技教育出版社2011年版,第104页。

[2] See Daniel Kahneman, *Thinking, Fast and Slow*, Penguin Books, 2011, p. 98.

[3] See Thomas Merrill and Henry Smith, "What Happened to Property in Law and Economics?" 111 *Yale Law Journal* 357, pp. 389~390 (2001).

我们以更加功能化的态度分析法律问题。例如，面对人工智能生成物是不是作品这样的问题，如果我们固守前人工智能时代的作者个性等概念，固然可以涵摄出否定结果。[1]但这样的推理能否解决新的信息生产和利用条件下的最佳资源调配模式问题，却值得反省。如果我们意识到作者个性等概念都不过是解答最佳信息生产模式问题的中介，那么我们会更加注重分析在新的技术条件下什么样的信息独占权是恰当的，并据此判断独创性概念的内涵。即使我们最终会得出人工智能生成物不是作品的结论，这种更加功能主义的推理过程也会为结论提供更多可证伪的依据。

(四) 正视框架问题

框架问题是人工智能研究中的一个核心问题。该问题的焦点是算法在解决具体任务时调用的背景知识。这些背景知识貌似不会影响具体任务的解决，实际上却会对任务执行产生巨大影响。[2]例如，对人而言，"颜色不相容"是常识，一件物品如果是红色的，就不会同时是绿色的。但这一常识的基础在于绿色和红色同为颜色而非形状，否则一件东西完全有可能既是红的（颜色）又是绿的（形状）。这个常识对人而言根本无须刻意掌握，但对机器而言却是需要由编程者专门提供的背景知识。[3]是否能够以及如何能够言说这些对人而言无须言说的知识，构成了人工智能研究中的框架问题。[4]认知活动由

---

[1] 王迁：“论人工智能生成的内容在著作权法中的定性”，载《法律科学（西北政法大学学报）》2017年第5期。

[2] 徐英瑾：《心智、语言和机器——维特根斯坦哲学和人工智能科学的对话》，人民出版社2013年版，第8页。

[3] 徐英瑾：《心智、语言和机器——维特根斯坦哲学和人工智能科学的对话》，人民出版社2013年版，第151~156页。

[4] 框架问题的狭义表述是"在表征一个行动所导致的效果之时，如何避免去表征环境中不会因这个行动而发生的诸事件"。徐英瑾：《心智、语言和机器——维特根斯坦哲学和人工智能科学的对话》，人民出版社2013年版，第219页。

我们在解决问题过程中自觉、刻意完成的显性部分和自发、自动完成的隐性部分共同构成。我们往往只注意到自己在显性部分付出的努力，却很难意识到作为背景信息被自动完成的隐性认知过程对于整个任务而言有多么重要。我们以为是显性的推理在导航，殊不知决定方向的是推理冰山之下强大的框架知识。

因此，决策者在审视决策过程时不能仅仅检验框架内的显性推理过程，还应重视框架本身暗示的隐性背景信息。这对面临不同框架的法律决策者而言是格外重要的提示。虽然在大多数情况下，法律体系层层套嵌的结构已经为每个分支节点上的决策活动提供了明确的框架，但在部分情况下法官仍有可能在不同的框架之间进行选择。例如，反不正当竞争法一般条款就提供了道德评价和经济分析两个框架：一个是第2条第1款强调的诚实信用与公认的商业道德标准，另一个是第2条第2款强调的市场竞争秩序和其他经营者利益标准。前者是道德评判框架，后者是经济分析框架。立法并没有明确指定运用一般条款时应当适用哪个框架，法院则通过多年实践表达出了对道德评判框架的偏好。[1]针对巨大的自由裁量责任，不同的框架完全可能引导法官提出不同的问题、展开不同的分析、得出不同的结论。道德更多地依据直觉、指向对错、关注行为人的主观动机而不会精打细算地分析复杂交易结构中每对双务关系的交易对价和交易成本。如果采用经济分析的框架，法官提出的问题则会有所不同，重点会落在利益关系、交易成本和行为效果

---

[1] 典型的例如山东省食品进出口公司等与马达庆、青岛圣克达诚贸易有限公司，最高人民法院［2009］民申字第1065号（"海带配额案"），北京奇虎科技有限公司、奇智软件（北京）有限公司与腾讯科技（深圳）有限公司、深圳市腾讯计算机系统有限公司不正当竞争纠纷，最高人民法院［2013］民三终字第5号（"3Q案"）。

方面。针对同样的案件事实,法官在道德框架和经济框架下分析时受到的指引可能存在巨大差别。因此,选择正确框架绝非无关紧要之事。这恰恰与人们在计算机科学领域认识到的框架问题重要性不谋而合。

算法研究中可供法律参考的经验远不止上述四个角度。本文仅以几项浅显的思路为例,试图说明算法的透镜或许能为观察法律增添一些有价值的视角。一如前文所述,本文绝不认为算法视角可以替代观察法律的传统方式。但认为在社会关系愈发多样化、法律"算法"的"编程"任务越来越复杂的情况下,既有的算法设计经验应该能够成为有益的知识来源。

结　语

法律有很多面向。法律可以作为行为指南,可以作为裁判规则,可以作为道德的具体化,可以作为统治阶级意志的体现。每个面向都为我们提供了看待法律的独特角度。在传统角度之外,作为算法的法律或许是值得引入的新角度。通过算法的透镜,我们能够更有意识地注意到一些重要问题,例如信息成本在塑造法律体系方面所起的作用、影响最佳类型化程度的因素、消解复杂度的方法,以及认知框架对决策结果的影响。与算法相关的研究有意识地积累了许多认知规律,或许能起到帮助法学更加科学地反省自身的作用。毕竟,尽管法学不像典型的科学那样通过标准化流程生产可证伪的知识,但这并不意味着法律没有科学性。法学和其他科学都以理解世界为目标,并且服从同样的认知规律。耶林尽管对"法学的概念天国"极尽嘲讽,但并不怀疑法学的科学性:"法学就是在法律事务中的科学意识。这种意识必须[……]探求现实世界法律之起源与效力所赖以成立之最终基础。"[1]自然科学的发展允许我们沉降到认知活动底层去了解法学与科学的相通之处,更加科学地处理法学问题。

(蒋舸:"作为算法的法律",原载《清华法学》2019年第1期。)

---

[1] [德]鲁道夫·冯·耶林、奥科·贝伦茨编注:《法学是一门科学吗?》,李君韬译,法律出版社2010年版,第86页。

算法透明原则的迷思
——算法规制理论的批判性思考

沈伟伟

摘要：随着近年来算法问题的大量出现，人们开始思考如何规制算法。算法透明原则是学理实践中众所周知的一项算法规制原则，许多学者对算法透明原则十分推崇。但与事后规制相比，算法透明原则作为一种事前规制方式，其规制效力有着天然的缺陷。即使算法透明原则可被用来限制"算法黑箱"的不利后果，但在大规模通过立法、行政、司法措施规制算法的时代，算法透明原则通常既不可行，也无必要。因此，就算法透明原则在算法规制谱系中的合理定位而言，其应该处于非普适性、辅助性的位置。比起本质主义色彩浓厚、以算法透明为代表的事前规制，以实用主义为导向、以算法问责为代表的事后规制是更加得当的规制策略。

关键词：算法规制；算法透明原则；事前规制；事后规制；本质主义；实用主义

引 言

半个世纪以来，算法正以前所未有的深度和广度影响和改变着人类活动。依托这一技术革命情境，并伴随着网络空间和现实空间的加速融合，算法应用越来越广泛。可以说，在当代社会，算法几乎无处不在、无所不能。[1]算法应用在发展。与此同时，大数据和人工智能的兴起使算法得以突破"波兰尼悖论"的束缚，通过基于自我训练、自我学习的过程，实现自我生产和自我更新,[2]算法本身也在发展。

然而，算法是一把"双刃剑"。算法可以调节室内温度，但是也可以把房间变成冰窖火炉；算法可以自动开门，也可以把人们锁闭在屋内；算法可以自动驾驶，但也可以引发事故；算法可以治病救人，但也可以误诊杀人；算法可以帮助我们更高效地分配资源，但也可以在分配中歧视特定群体……随着算法共谋、算法失灵、算法歧视等问题的出现，"如何规制算法"[3]这一命题在近两三年来，以一种近乎猝不及防的方式被推向前台，也一跃而进主流法学界的视野。[4]

---

[1] "算法社会""算法时代""算法世界"等指示日常生活与算法紧密关联的新词汇已逐渐普及。比如，2016 年美国皮尤研究中心就用"算法时代"（Algorithm Age）一词。See Lee Rainie and Janna Anderson（Pew Research Center），"Code-Dependent: Pros and Cons of the Algorithm Age"，2016. 学理上，杰克·巴尔金将"算法社会"（Algorithmic Society）定义为一个通过算法、机器人和人工智能来进行社会和经济决策的社会。See Jack M. Balkin, "The Three Laws of Robotics in the Age of Big Data", 78 *Ohio ST. L. J.* 1217, 1219（2017）. Also See Danielle Keats Citron and Frank Pasquale, "The Scored Society: Due Process for Automated Predictions", 89 Wash. L. Rev. 1, 3（2014）；左亦鲁："算法与言论——美国的理论与实践"，载《环球法律评论》2018 年第 5 期；丁晓东："算法与歧视 从美国教育平权案看算法伦理与法律解释"，载《中外法学》2017 年第 6 期。

[2] 贾开："人工智能与算法治理研究"，载《中国行政管理》2019 年第 1 期。

[3] David Lehr and Paul Ohm, "Playing with the Data: What Legal Scholars Should Learn About Machine Learning", 51 U. C. Davis L. Rev. 653（2017）.

[4] 在此，仅举几个典型案例："喜达屋-万豪、华住等酒店集团住客信息数据泄露案""个人征信巨头 Equifax 信用数据泄露案""Facebook 千万用户数据失窃案""夏威夷虚假导弹警报信息案""自动驾驶失灵致死事件案""波音 737-Max 飞机控制系统失灵空难案"等。算法本身引发了全球普遍质疑。See Pew Research Center: "Public Attitudes Toward Computer Algorithms", 2018.

就像面对魔法一样，人们在直觉上对算法引发问题的第一反应是搞清楚它到底是什么？于是，在规制算法的纷纭众说中，最广为熟知且被普遍认可的便是算法透明原则。[1]尽管各研究领域的学者对于算法透明原则的内涵认识不一，但大体上，算法透明原则可被归为一种对于算法的事前规制模式，它要求算法的设计主体或者使用主体公开和披露包括源代码在内的算法要素。[2]让人颇感意外的是，虽然学界呼吁算法透明原则的声音不绝于耳，但却鲜有中文文献对其作理论性辨析，也没有对其在实践中的应用作归纳反思，更不用说其在整个算法规制图景中如何进行合理定位了。在相关研究尚未展开的背景下，有些学者却已然将算法透明原则作为算法规制的首要原则，甚至乐观地认为，一旦透明，算法就可知，一旦可知，算法问题就可解。[3]本文可能就是想在对算法透明原则作出理论和实践辨析后，为这股乐观情绪泼上一瓢冷水。

在笔者看来，目前有关算法规制的讨论，夸大了算法透明

---

[1] Frank Pasquale, *The Black Box Society* 8 – 11（Harvard University Press, 2015）；Danielle Keats Citron, "Technological Due Process", 85 Wash. U. L. Rev. 1249, 1253（2008）；Paul Schwartz, "Data Processing and Government Administration: The Failure of the American Legal Response to the Computer", 43 Hastings L. J. 1321, 1323~1325（1992）；郑戈："算法的法律与法律的算法"，载《中国法律评论》2018年第2期；汪庆华："人工智能的法律规制路径：一个框架性讨论"，载《现代法学》2019年第2期；蒋舸："作为算法的法律"，载《清华法学》2019年第1期；张凌寒："算法权力的兴起、异化及法律规制"，载《法商研究》2019年第4期。

[2] 基于这一界定，本文选择不对"算法透明""算法公开""算法披露"三者做严格区分，行文中，三词将交替出现。

[3] 张恩典："大数据时代的算法解释权：背景、逻辑与构造"，载《法学论坛》2019年第4期；高学强："人工智能时代的算法裁判及其规制"，载《陕西师范大学学报（哲学社会科学版）》2019年第3期；刘友华："算法偏见及其规制路径研究"，载《法学杂志》2019年第6期；张淑玲："破解黑箱：智媒时代的算法权力规制与透明实现机制"，载《中国出版》2018年第7期。

原则的作用。本文旨在揭示算法透明仅在有限的情境下适用，在多数情境下，算法透明原则既不可行，也无必要。依托对算法透明原则的批判，本文尝试回应一个理论问题：如何规制算法？本文将结合学理上的事前规制与事后规制、本质主义与实用主义这两对比照，对算法规制理论重构展开初步思考，并借此阐明以算法问责为代表的事后规制手段才是更加得当的规制策略。而算法透明本身只能在特定情况下能起到辅助效果。

一、算法透明原则

无论是在政治学、经济学领域，还是在法学领域，透明原则已成为现代政府规制的一条基本准则。早在19世纪中叶，杰罗米·边沁（Jeremy Bentham）和约翰·斯图尔特·密尔（John Stuart Mill）等思想家就有针对性地讨论过透明原则。这样的讨论逐渐成为西方自由主义视野的一部分。直至近现代，诸如德里希·哈耶克（Friedrich Hayek）和约翰·罗尔斯（John Rawls）等自由主义理论家，无一例外地都受到了这些讨论的影响。在这些西方传统中的自由主义思想家看来，透明原则的民主政治有着两大根本助益：其一，它可以增强公权力机关的可问责性；其二，它可以保护公民的知情权，保护公民免遭专权独断。[1]

具体到法学领域，透明原则也一直贯穿于现代的法律制度之中。套用美国大法官路易斯·布兰代斯（Louis Brandeis）一句流传甚广的名言——"阳光是最好的消毒剂"。在美国法中，透明原则不但是公法中形式正当程序（Procedural Due Process）的一

---

[1] Jeremy Bentham, "An Essay on Political Tactics", in 2 *The Works of Jeremy Bentham* 551 (John Bowring ed., Edinburgh, William Tait 1843); John Stuart Mill, *Considerations on Representative Government* 80~89 (Henry Regnery Co. 1962) (1861).

项核心原则,[1]而且也在某种程度上通过相关法律制度构建塑造了代议制民主制度。[2]与之类似,在我国,透明原则也成了公法领域的一个原则要求,并且在制度上有着多重体现,比如规制依据公开、行政信息公开、听证制度以及行政决定公开等。[3]

当然,讨论透明原则在规制理论或者政府信息公开中的正当性,已经超出了本文的范围。本文聚焦于透明原则在互联网时代的一个具体延伸——算法透明原则。之所以说是延伸而非属于相应类目,是因为算法本身并不是由公权力机关所独享,更多地也会被私营机构所使用。具体而言,民主政治语境下的透明原则,也仅仅是在公权力机关或者部分带有"公共性"的私营机构使用算法时才涉及传统公法的透明与信息公开问题。而本文所指的算法透明原则,既适用于政府的算法规制,也适用于私营机构的算法规制。也正是在这个意义上,它有着更丰富的内涵。

虽说有关算法透明的讨论早已有之,但必须承认,21世纪初的两次美国总统大选大大推进了人们对算法透明的关注,可以称得上是"神助攻"。[4] 2000年大选首次采用电子投票器。

---

〔1〕 Martin H. Redish and Lawrence C. Marshall, "Adjudicator, Independence, and the Values of Procedural Due Process", 95 Yale L. J. 455, 478~489 (1986). 有关技术领域,透明原则与形式正当程序的讨论, See Danielle Keats Citron, "Technological Due Process", 85 Wash. U. L. Rev. 1249, 1254~1255 (2008).

〔2〕 [美]迈克尔·舒德森:《知情权的兴起:美国政治与透明文化(1945-1975)》,郑一卉译,北京大学出版社2018年版。

〔3〕 马怀德主编:《行政法与行政诉讼法》,中国法制出版社2015年版,第292~294页。

〔4〕 在此之前,许多有关算法透明的讨论都局限在技术行业内部,多与开源软件(Open Source)运动有关。其中,最经典的说法是埃里克·雷蒙德(Eric S. Raymond)在他讨论软件工程的名著《大教堂和市集》中提到的Linux定律,亦即"只要让足够多双眼睛盯着,所有漏洞都将无处藏身"。See Eric S. Raymond, "The Cathedral and the Bazaar", 9 (1999).

最终，在沸沸扬扬的"布什诉戈尔案"（Bush v. Gore）中，投票设备（包括老式打孔机、光学扫描机和电子投票机）的透明性和公正性成为全社会关注的焦点。[1]作为回应，2002年美国国会通过了《协助美国投票法案》（The Help America Vote Act of 2002），着力推广电子投票机，并配套相应管理措施。之后，大量科技公司看到了电子投票器的商机，纷纷涌入这一领域。然而，各类新开发的电子投票器的大规模应用，不但未消旧愁，反而又添新忧：选民们怎么知道这些电子投票机在何时将数据上报到计票中心？而计票中心是不是能准确无误地记录下每一个人投出的选票？谁又能确保选票数据统计没有造假或者选票数据库不被黑客攻破？[2]算法透明，被认为是投票监管的一剂良药，因而受到了广泛讨论。[3]

其后，算法应用在广度和深度上的增加，也成了算法透明讨论的一个重要推算法透明，逐渐成为算法规则领域的一个原

---

[1] Bush v. Gore, 531 U. S. 98 (2000).

[2] Comm. on Fed, "Election Reform", *Building Confidence in U. S. Elections* (2005)"; Jon Stokes, "How to Steal an Election by Hacking the Vote", *Ars Technica*, (Oct. 25, 2006); Greg Reeves, "One Person, One Vote? Not Always, Kan", *City Star* (Sept. 5, 2004); Thad E. Hall and R. Michael Alvarez, "American Attitudes About Electronic Voting: Results of a National Survey" (Sept. 9, 2004).

[3] 在2002年的《协助美国投票法案》中，就有诸多条款涉及投票机运行模式的披露（比如第301条款和第303条款）。同样，电子投票专门委员会也在其指导手册中明文确立了透明原则。See "Procedural Manual for the Election Assistance Commission's Voting System Testing and Certification Program", 71 Fed. Reg. 76, 281 (Dec. 20, 2006). 学界对于算法透明原则在电子投票程序的应用更是不胜枚举，比如 Bev Harris, *Black Box Voting: Ballot Tampering in the 21st Century* (Talion Publishing, 2004); Andrew Massey, "But We Have to Protect Our Source!: How Electronic Voting Companies' Proprietary Code Ruins Elections", 27 Hastings Comm. & Ent. L. J. 233, 241~242 (2004); Lillie Coney, "A Call for Election Reform", 7 J. L. & Soc. Challenges 183, 188 (2005); Daniel P. Tokaji, "The Paperless Chase: Electronic Voting and Democratic Values", 73 Fordham L. Rev. 1711, 1773~1780 (2005).

则性提议。值得一提的是，学者们对算法透明原则的认识存在不小差别，这在网络法这类交叉学科研究中，也是十分正常的现象。这种差别，用"言人人殊"来形容，有过于夸大之嫌，但换个说法，用口径不一来形容，应该是恰如其分的。虽说如此，大体而言，大家对算法透明原则还是有普遍认同的最大公约数——针对算法的事前规制原则，要求算法的设计方或者使用方，披露包括源代码、输入数据、输出结果在内的算法要素。[1]弗兰克·帕斯奎尔（Frank Pasquale）对于算法透明的理解更为复杂而深入，他在不同的著述中曾把算法透明理解为综合源代码公开、算法分析、算法审计等手段合理促成的算法透明。他的这种理解，当然给他的理论带来更强的解释力，但是也在某种程度上模糊了算法透明与其他规制手段的边界。这可能会给理论和实务都带来很大麻烦。因此，本文取狭义上的算法透明概念。

算法透明原则最终的落脚点，是对于算法自动化决策的规制。而算法所主导的自动化决策可以概括为：基于输入数据，通过算法运算，实现结果输出。从这个意义上看，如果对算法没有一个明确的认知，也就无从判断算法自动化决策是否公正。表面上来看，算法透明就是打开黑箱，将"阳光"洒落整个自动化决策过程中的理想手段。

与传统的透明原则能带来的优势类似，算法透明同样在可问责性和知情权两个维度发挥作用。其一，算法透明可以让算

---

[1] Paul Schwartz, "Data Processing and Government Administration: The Failure of the American Legal Response to the Computer", 43 Hastings L. J. 1321, 1323~1325 (1992); Danielle Keats Citron and Frank Pasquale, "The Scored Society: Due Process for Automated Predictions", 89 Wash. L. Rev. 1, 8 (2014); Frank Pasquale, "Beyond Innovation and Competition: The Need for Qualified Transparency in Internet Intermediaries", 104 NW. U. L. Rev. 105, 160~161 (2010); Frank Pasquale, *The Black Box Society* 8~11 (Harvard University Press, 2015).

法操控者变得更具可问责性，一旦出现精确性和公平性的偏差，可以依据所披露的算法来主张算法操控者的责任。更甚之，较之人为治理的透明原则，算法透明原则还隐含着一个算法治理本身的优势。亦即，人类决策者的内在偏见和私念很难被发现和根除，但假如我们窥探算法的"大脑"，即整个决策和执行过程，就可以变得更透明、更容易被监督。[1]其二，算法透明也赋予了算法规制对象一定程度上的知情权，而这种知情权有利于第三方（尤其是专业人士）实施监督，也有利于算法规制对象依据所披露的算法，在事后对算法决策提出公平性和合理性的质疑。

正因为算法透明有着这些好处，许多论者对算法透明原则趋之若鹜。[2]更有乐观的论者认为，只要算法透明，甚至只需源代码公开，就可以解决很多现实中的算法问题。可以说，在当前国内，算法透明原则俨然成了算法治理实践和学术讨论首当其冲的基本原则。[3]

---

[1] 美国有些法律和政策甚至直接将监督等同于透明，比如《自由信息法案》(The Freedom of Information Act)，See 5 U. S. C. § 552 (2012). 类似的立法还有 Federal Agency Data Mining Reporting Act of 2007, 42 U. S. C. § 2000ee-3 (c) (2) (Supp. Ⅲ 2007).

[2] Tal Z. Zarsky, "Transparent Predictions", 2013 U. Ill. L. Rev. 1503, 1506 (2013); Todd Essig, "'Big Data' Got You Creeped Out? Transparency Can Help", Forbes (Feb. 27, 2012). 这其中，最典型的应当是弗兰克·帕斯奎尔。当然，他本人对算法透明的研究更透彻，自然也对算法透明的局限性有着比较清楚的把握。See Frank Pasquale, "Restoring Transparency to Automated Authority", 9 J. on Telecomm. & High Tech. L. 235 (2011); Frank Pasquale, "Beyond Innovation and Competition: The Need for Qualified Transparency in Internet Intermediaries", 104 Nw. U. L. Rev. 105 (2010).

[3] 参见张恩典："大数据时代的算法解释权：背景、逻辑与构造"，载《法学论坛》2019年第4期；高学强："人工智能时代的算法裁判及其规制"，载《陕西师范大学学报（哲学社会科学版）》2019年第3期；刘友华："算法偏见及其规制路径研究"，载《法学杂志》2019年第6期；张淑玲："破解黑箱：智媒时代的算法权力规制与透明实现机制"，载《中国出版》2018年第7期。

二、算法透明原则可行吗？

算法透明原则本身是不是一个不容置疑的金科玉律呢？算法透明原则真的那么有用吗？在算法运用越来越广泛而由此引发的问题越发复杂的情境下，是不是可以说，算法越透明越好呢？答案并不是那么简单。

如果单单从美国大选投票算法中的例子出发，我们会很自然地把算法透明原则与自由主义传统下的政治学、经济学和法学中的透明原则密切联系起来。然而，这很可能是以偏概全。一方面，算法透明原则——如果得以践行——无论在外延上，还是在内涵上，都与传统的透明原则有所不同。另一方面，虽然本文第一部分阐述了算法透明原则与传统自由主义下的知情权和可问责性之间存在交叉，但不能否认，比起传统自由主义的透明原则，算法透明原则蕴含着更大的内在张力和具体限制。

接下来，本文将分别探讨算法透明原则的两个根本问题：算法透明原则是否可行以及算法透明原则是否必要。本部分通过具体规制情境，考察算法透明原则的可行性问题。事实上，算法透明原则作为一项带有普遍强制性的法律原则，它有可能会与国家安全、社会秩序和私主体权利等法益相冲突，不具有作为与基本法律原则所匹配的普遍可行性。

（一）算法透明 vs. 国家安全

无论古今中外，公开和保密，一直是国家治理中至关重要的理念。[1]具体到算法治理领域。哪些算法可以公开，向谁公

---

[1] 张群：《中国保密法制史研究》，上海人民出版社2017年版；[美]戴维·弗罗斯特（David B. Frost）：《美国政府保密史：制度的诞生与进化》，雷建锋译，金城出版社2019年版。

开，公开到何种程度，都需要放在国家安全这一棱镜中，着重考察。而对于以国家安全为由的保密义务，许多国家在政策和法律层面都给予了高位阶保护。比如，我国的《中华人民共和国国家安全法》《中华人民共和国网络安全法》《中华人民共和国国家秘密法》以及美国的《国家安全法案》《爱国者法案》等。这些法律在很大程度上，都给相关的算法透明设置了障碍。换言之，当算法透明与国家安全相冲突时，算法透明的可行性必将遭受挑战。

举例而言，为了提高机场安检效率，全球大部分国际机场都采取了抽样安检策略，即在常规安检之外，抽取特定人群进行更严格、烦琐的检查。如此一来，既可以保证机场安检的速度，又能给恐怖分子带来一定威慑力。抽样的程序则由算法来执行。假设为了防止对特定群体的歧视性抽样，根据算法透明原则，公众要求公开抽样算法，那么，机场应不应当让算法透明呢？可以想见，一旦算法透明，恐怖分子便有可能根据公开的算法进行博弈，谋划规避手段来避免被严格检查，或者根据算法所提供的随机性逻辑来合理定制所需样本试错数量。再比如，假设某次导弹试射演练后，制导系统的算法失灵，致使导弹偏离既定弹道，炸毁民用设施，并造成伤亡。那么，公众是不是可以就此要求算法透明，要求军方公开制导系统的算法呢？后文将提出更合理的解决方案，但就本节所讨论的主题而言，即便公众的诉求完全公平合理，但本案例中算法透明的可行性也将在很大程度上受到限制。

在上述两个案例中，很显然，如果坚持贯彻算法透明原则，将有可能导致产生国家安全隐患（飞机航路安全与军事设施安全等）。换言之，对于算法透明原则而言，当其与国家安全相冲突时，不可避免地会受到国家安全的限制。比如美国"9·11事件"过后,以小布什总统为首的保守派政治家,强烈抵制政府在国家安全领域的透明化,声称赢下"反恐战争"的唯一手段,就是让美国变得和它的影子对手一样神秘。[1]于是,以《爱国者法案》为代表、以国家安全为由对抗信息披露的法律政策,也就应运而生。同样,我国在《宪法》第53条,《国家安全法》第4、19、28、29条与《网络安全法》第77条,以及其他法律法规中都对涉及国家安全、国家秘密的信息披露进行了严格限制。这些都是算法透明原则在不同的适用领域所需面对的重重关卡。

综上所述,由于通常国家安全往往比算法透明背后的考量有着更高位阶的权重。因此,一旦出现这一组对立,国家安全将对算法透明实施"降维打击"。这样一来,算法透明原则的可行性就很难得到保证。这便构成了算法透明可行性的第一道——也是最难逾越的———道障碍。

(二) 算法透明 vs. 社会秩序

算法透明也可能与社会秩序背道而驰。我们以当前应用广泛的智能语言测试系统为例。[2]智能语言测试系统的应用,为的是测试的便捷和标准化。语言测试系统的判分算法信息,具有很强的保密性,不能被随意披露。不难想见,一旦这类信息被披露,就很可能让不法分子钻算法的空子,与语言测试系统博弈,也让整个测试无法达到其应有的考察目的。类似的情况也会发生在抽奖活动中,如果抽奖环节所使用的算法一开始就被披露,那么,投机分子就可能采取各种手段——比如破解算

---

〔1〕 Julian E. Zelizer, *Arsenal of Democracy* (2010). 对于美国国家安全和信息保密的讨论, 还可参见 Dana Priest and William Arkin, *Top Secret America: The Rise of the New American Security State* (2011).

〔2〕 王金铨、陈烨:"计算机辅助语言测试与评价——应用与发展", 载《中国外语》2015年第6期; 张艳、张俊:"我国计算机辅助语言测试研究现状", 载《中国考试》2017年第5期。

法直接干预抽奖环节、选择算法抽奖所青睐的时机和频次进入抽签环节——博弈，以及操纵抽奖结果等。

当然，网络空间中最经典的例子，当属搜索引擎优化（Search Engine Optimization）。起初，搜索引擎服务提供商，曾乐于践行算法透明，将其搜索引擎算法公之于众。比如，谷歌早期的PageRank排名算法的排序标准，就曾公之于众。[1]然而，出乎谷歌意料的是，某些恶意网站（尤其是内容农场[2]、商业广告网站、钓鱼网站、恶意代码网站等）利用这些被披露的排序算法，玩起了"猫捉老鼠"的游戏——采取搜索引擎优化来与谷歌排序算法展开博弈，让一些本不应被优先排序的网站挤进了搜索结果的靠前位置。如此一来，人们也就更难通过谷歌得到理想的搜索结果。换句话说，谷歌PageRank排名算法越透明，其搜索结果排名就越容易被博弈和操控，最后影响到公众对于搜索引擎的体验。也正因如此，谷歌以及其他搜索引擎逐渐收紧算法披露，到最后，谷歌几乎明确拒绝算法透明，甚至对已公开的算法作出秘密调整。就这样，谷歌搜索引擎算法彻底变成黑箱，而这个黑箱，反倒成了公众获得理想搜索结果的保障。

上述案例仅仅涉及算法程序披露，而对于输入数据（作为算法的一部分）披露的案例更是不胜枚举。屡屡出现的计算机考

---

[1] 有关谷歌搜索引擎的技术细节和商业模式，See Siva Vaidhyanathan, *The Googlization of Everything* (2010); Amy N. Langville and Carl D. Meyer, *Google's PageRank and Beyond* (2012).

[2] 内容农场（Content Farm）是纯粹以获得在算法排名高排位目的，雇佣大量人员来粗编烂造各类热门内容，以迎合搜索引擎算法需要的一类公司。有关内容农场以及谷歌与内容农场之间的博弈，See Daniel Roth, "The Answer Factory Demand Media and the Fast, Disposable, and Profitable-as-hell Media Model", *WIRED*; Ryan Singel, "Google Clamps Down on Content Factories", *WIRED*. 与DuckDuckGo和前两年刚刚被IBM收购的Blekko这类小搜索引擎不同，谷歌拒绝在其英文搜索引擎中设立黑名单，这也给内容农场及其派生网站留下了更大的博弈空间。

试漏题案件,就属于这类输入数据披露对于社会秩序的影响。[1]篇幅有限,笔者在此不一一赘述。由此可见,算法透明在实践中可能会与社会秩序发生冲突,这便是算法透明可行性的第二道障碍。

(三) 算法透明 vs. 私主体权利

算法透明原则将不可避免地带来信息披露,而在遍布私主体信息的当代社会,信息披露将很可能与私主体权利(尤其是个人隐私、商业秘密和知识产权)相冲突。比如,在金融信贷、个人征信和医疗诊治等领域,算法已经得到普遍应用,这些领域中的法定保密义务和约定保密义务会给算法透明原则的实现造成很大阻碍。这是因为在被披露的算法中,往往既涉及敏感的个人隐私,也涉及关键的商业秘密和知识产权。这些敏感信息或机密信息,可能可能作为算法程序的一部分,可能作为输入数据、输出结果,甚至可能兼而有之。

上述此类信息披露,势必与隐私保护、商业秘密保护、知识产权保护等法律法规[2]或合同约定相冲突,并受到后者的限制。这一现象在金融信贷领域最为典型,且不说用户个人隐私屡屡成为金融机构拒绝透明的挡箭牌,金融机构还常常利用专利权、版权、商业秘密甚至商标权等私权来对抗算法透明。[3]当然,就如下文将要讨论的"卢米斯案"那样,开发算法的公司所最常使用的抗辩依然是将算法作为商业秘密来寻求法律保

---

[1] "托福考题疑泄露官方公布举报邮箱",载《新京报》2015年2月1日。

[2] 例如,《网络安全法》第45条,《民法总则》第111条、第123条,《著作权法》第3条第8款,《反不正当竞争法》第9条。

[3] Brenda Reddix‑Smalls, "Credit Scoring and Trade Secrecy: An Algorithmic Quagmire or How the Lack of Transparency in Complex Financial Models Scuttled the Finance Market", 12 U. C. Davis Bus. L. J. 87, 91 (2011).

护。[1]类似的情况，不胜枚举。

本文可以继续堆砌案例，但上述案例足以表明，算法透明原则并不是一个普适原则。当然，反过来说，这并不表明算法透明原则在任何情境下都不可行。这也不表明，一旦出现与上述三种考量因素的冲突，算法透明原则就必然走投无路。即便与三种制约因素存在冲突，但只要冲突是在合理范围之内，其可行性也依然存在。比如，前文提到的投票机案例，如若将投票机的算法公之于众，无论是从国家安全、社会秩序、私主体权利等哪个角度来看，他们对可行性的阻碍均很难成立。唯一可能存在的隐患是，假如投票机的算法公开，会增加不法分子侵入系统篡改投票结果的风险，但是这样的风险，可以在技术上和监管上加以限制。[2]

综上所述，本部分从国家安全、社会秩序和私主体权利等三个方面，质疑算法透明原则的可行性。换言之，算法透明原则至少会受到上述三方面考量的限制，并非放之四海而皆准。

三、算法透明原则必要吗？

本文第二部分论证了算法透明并不是一个普适原则，在一些情况下并不可行。接下来要回应的问题是：即便是在算法透明可行的情形下，算法透明原则是否有必要性？显然，比起可行性问题，更麻烦的问题是，当人们好不容易克服可行性障碍而最终实现算法透明时，却发现算法透明无力兑现其规制承诺。

---

[1] State v. Loomis, 881 N. W. 2d 749 (Wis. 2016).
[2] 换句话说，选民们本身并不因为算法透明，就可以在投票环节博弈，进而操纵结果。这与智能判卷算法有所不同，这是由于答卷人对于系统的投机性博弈（比如对于答卷模式的调整，以迎合算法评分需求），超出了系统控制范围。

对于算法透明仍然必要性这一问题，本部分将从两个方面分别展开论述。

正如本文第一部分所提到的，算法透明就是打开黑箱、洒下"阳光"。那么，我们首先要回答：算法透明是不是就等于算法可知？如果这一前提条件不能成立、或者不能完全成立，如果黑箱套黑箱，或者"阳光"洒落在一块谜团上，那么，算法透明原则所能带来的诸多益处，也就仍然无法兑现。

(一) 算法透明≠算法可知

在一些学者看来，算法透明就足以帮助我们了解算法的所有奥秘。如果说在早前技术尚未精进的时代有这种说法，倒可称得上是值得商榷，[1]但在现如今还秉持这一观点，[2]则就让人难以理解。在笔者看来，算法透明不等于算法可知。在它们之间，至少存在如下四道障碍：披露对象的技术能力、算法的复杂化、机器学习和干扰性披露。

披露对象的技术能力这一问题，是比较好理解的。当披露对象是非计算机专业人士时（比如与公共政策和法律裁判关系密切的法官、陪审员、执法官员和普通公众），算法本身是难以辨识的。他们的技术能力有所欠缺，因此，即便向他们披露源代码和相关技术细节，可对他们而言，代码即乱码、算法像魔

---

[1] [美] 劳伦斯·莱斯格：《代码2.0：网络空间中的法律》，李旭、沈伟伟译，清华大学出版社2008年版，第154~167页；Danielle Keats Citron, "Technological Due Process", 85 Wash. U. L. Rev. 1249, 1308~1309 (2008); David M. Berry and Giles Moss, "Free and Open-Source Software: Opening and Democratising e-Government's Black Box", 11 Info. Polity 21, 23 (2006).

[2] 张恩典："大数据时代的算法解释权：背景、逻辑与构造"，载《法学论坛》2019年第4期；高学强："人工智能时代的算法裁判及其规制"，载《陕西师范大学学报（哲学社会科学版）》2019年第3期；刘友华："算法偏见及其规制路径研究"，载《法学杂志》2019年第6期；张淑玲："破解黑箱：智媒时代的算法权力规制与透明实现机制"，载《中国出版》2018年第7期。

法，可能还是无法搞清自动化决策究竟是怎么做出的。外行只能看热闹，内行才能看门道。不可否认，外行可以借助内行来帮忙（比如专家证言），但这其中，可能会有成本和偏差。

如果说上述第一个障碍是阻挡外行的门槛，那么后面三个障碍便是把外行内行统统拒之门外。先说算法的复杂化。[1]事实上，即便是简单的算法，也存在不可知的情况，比如计算机领域著名的莱斯定理（Rice's Theorem）就证明了某类算法的不可知属性。随着技术的不断演进、算法分工的不断精细以及社会生活对于算法需求的不断提升，大量算法变得愈发复杂。此处之所以着重强调复杂性，是因为复杂算法的不可知情况更具代表性——它既包含了单一算法本身的原因，也包含了更普遍的、多组算法模块交互的原因。而算法的复杂化会给算法的解释工作带来很大难度。[2]当然，这在计算机科学发展史上并不新鲜。计算机工程师应对这一问题的通行做法是：将算法系统模块化。[3]对于模块化后的算法，计算机工程师再分别解释各部分子算法，各个击破，最后通过重新组合，解释整个算法系统。[4]虽然通过模块化的分工可以解决一部分复杂算法的解释问题，[5]但即便如此，就连计算机工程师也承认，算法复杂化模块化，会令各

---

[1] See H. G. Rice, "Classes of Recursively Enumerable Sets and Their Decision Problems", 74 *Transactions Am. Mathematical Soc'y* 358 (1953).

[2] Katherine Noyes, "The FTC Is Worried About Algorithmic Transparency, and You Should Be Too", *PC World* (Apr. 9, 2015).

[3] Edsger W. Dijkstra, "The Structure of the 'THE' -Multiprogramming System", 11 *COMM. ACM* 341, 343 (1968).

[4] Edsger W. Dijkstra, "The Structure of the 'THE' -Multiprogramming System", 11 *COMM. ACM* 344 (1968); Helen Nissenbaum, "Accountability in a Computerized Society", 2 *Sci. & Engineering Ethics* 25, 37 (1996).

[5] [美] 卡丽斯·鲍德温（Carliss Y. Baldwin）、金·克拉克（Kim B. Clark）：《设计规则模块化的力量》，张传良译，中信出版社2006年版，第131~172页。

个部分算法之间的相互反应变得不可预测。[1]与此同时，如果要保证模块化处理运行顺畅，就需要在算法系统设计之时进行整体规划。[2]否则，复杂算法的模块化解释也很可能达不到预期效果。在很多情况下，复杂算法应用和交互（比如 API 和云计算）无法确保我们从多个模块解释的组合中，或者与其他算法的交互中，对算法进行准确解释。[3]简言之，算法的复杂化加重了我们理解算法的困难；而模块化这一解决进路，如果不是在算法系统设计之初就事先规划，也不能很好地解决复杂算法的解释问题。

相比于算法的复杂性，机器学习对于算法可知的挑战吸引了更多关注。[4]传统算法要求计算机工程师事先指定一个表示结果变量的运算模式，作为以特定方式选定解释变量的参数，以此来决定输出结果。与传统算法不同，机器学习作为一种更智能、更动态的算法，其运算不受固定参数的控制。也正因此，机器学习并不要求工程师事先指定运算模式。[5]当然，"不要求"不等于"不能够"，机器学习的门类中，也存在计算机工程

---

〔1〕 ［美］卡丽斯·鲍德温（Carliss Y. Baldwin）、金·克拉克（Kim B. Clark）：《设计规则模块化的力量》，张传良译，中信出版社 2006 年版,,第 222~225 页。

〔2〕 Sendil K. Ethiraj and Daniel Levinthal, "Modularity and Innovation in Complex Systems", 50 *MGMT. SCI.* 159, 162 (2004); Richard N. Langlois, "Modularity in Technology and Organization", 49 J. Econ. Behavior & ORG. 19, 24 (2002).

〔3〕 Sendil K. Ethiraj and Daniel Levinthal, "Modularity and Innovation in Complex Systems", 50 MGMT. SCI. 159, 162 (2004); Richard N. Langlois, "Modularity in Technology and Organization", 49 J. Econ. Behavior & ORG. 19, 24 (2002).

〔4〕 Will Knight, "The Dark Secret at the Heart of AI", *MIT Technology Review* (April 11, 2017); Andrew D. Selbst and Solon Barocas, "The Intuitive Appeal of Explainable Machines", 87 Fordham L. Rev. 1085 (2018).

〔5〕 Richard A. Berk, *Statistical Learning From Regression Perspective* 13 (2008); Cary Coglianese and David Lehr, "Egulating by Robot: Administrative Decision Making in the Machine-Learning Era, 105 Geo. L. J. 1147, 1156~1157 (2017).

师事先指定运算模式和控制学习材料的监督学习,与之对应的是运算更为自由而不可控的无监督学习和强化学习。对于这三种机器学习算法的通行分类,笔者无意展开技术分析。唯一与本部分论证有关的是,相对于后两者而言,计算机工程师对于监督学习的把控度更高。对于后两者,只要机器学习算法正在动态运行,我们就无法控制他们如何组合和比较数据,自然也无法顺利地解释机器学习算法本身。

而与算法可知直接相关的是,对于机器学习算法,其运算的函数关系不一定是固定、清晰的数据集合。我们既无法保证机器学习过程代表任何一组真实关系,也无法通过此刻的因果关系,来推导未来的因果关系,因为算法本身不断学习、不断变化,在算法披露的那一刻过后,披露的算法就已经过时。古希腊哲学家赫拉克利特那句名言"人不能两次踏进同一条河流",在机器学习中找到了最好的印证。最典型的例子便是智能广告推送算法,上一秒出现的推送结果,算法根据你是否在页面停留或点击推送,进而计算出下一秒的推送结果。再比如,大部分垃圾邮件过滤算法都使用邮件地址和 IP 地址的黑名单,应用最为广泛的便是 Spamhaus,其邮件地址和 IP 地址也是根据用户举报和自身机器学习实时更新。换句话说,这一刻不在黑名单上的邮件地址和 IP 地址,很可能在下一刻就上了黑名单。[1]

由于机器学习的决策规则本身是从被分析的特定数据中不断生成的,因此,除了极少数被严格控制的监督学习以外,我们根本不能考察静态的源代码或原始数据,无法用这样一种刻舟求剑的进路来推断机器学习算法的运算结果。也就是说,对

---

[1] "PAMHAUS", available at: https://www.spamhaus.org/sbl.

于绝大部分机器学习的输出结果，无论输入和输出的因果关系在表面上看起来多么直观，这种因果关系都很可能根本无法被解释，其动态的变化也更难以把握。[1]更重要的是，对于机器学习（尤其结合了强人工智能和神经网络等技术的机器学习）而言，输入数据的变化和累加使得算法推算结果背后的深层原因变得难以把握。在这个意义上，它本身就是一个无法实现透明的"黑箱"。而且，机器学习所推导的"因果关系"在很大程度上取决于输入数据，这类因果关系只能是统计意义上的因果关系，它与规范意义上的因果关系存在一道难以跨越的鸿沟。

例如，谷歌研发的强化学习算法——AlphaGo。设计AlphaGo的计算机工程师都是棋力一般的业余爱好者，无法与柯洁、李世石这样的顶尖高手较量。但恰恰是这些工程师设计了AlphaGo，把顶尖高手一一击败。[2]可以想见，这些工程师本人是没有办法一一解释AlphaGo的每一步棋招的——如果工程师真的能理解每步棋的奥妙，那么他们自己就是世界冠军了。换言之，AlphaGo通过机器学习习得的竞技能力，工程师根本无法企及，他们的每一步棋也自然超出了工程师的理解范畴。

最后一个阻碍算法透明向算法可知转化的障碍，是干扰性披露。与前三个与透明直接冲突的原则不同，干扰性披露本身，也可以被看成是算法透明的一种方式。它通过披露大量冗余干扰性数据，混杂在关键数据中，以此妨碍解释关键数据内

---

〔1〕 Cary Coglianese and David Lehr, "Regulating by Robot: Administrative Decision Making in the Machine-Learning Era", 105 Geo. L. J. 1147, 1156~1157 (2017).

〔2〕 Eric Mack, "Google's AlphaGo Zero Destroys Humans All on Its Own", *CNET*, (Oct. 20, 2017); David Silver et al., "Mastering the Game of Go with Deep Neural Networks and Tree Search", 529 *NATURE* 484, 484 (2016); David Sliver et. al., "A General Reinforcement Learning Algorithm That Masters Chess, Shogi, and Go Through Self-play", *SCIENCE* 362, 1140~1144 (2018).

容。也正是在这个意义上，干扰性披露是算法透明的一个典型悖论，亦即，公开得越多，对算法关键内容的理解就可能越困难。

其实，在《黑箱社会》一书中，帕斯奎尔就论述过这个现象，他称之为"混淆"（Obfuscation），其内涵与干扰性披露是一致的，就是指刻意增加冗余信息，以此来隐藏算法秘密，带来混淆。值得一提的是，帕斯奎尔的《黑箱社会》更多地是指出黑箱社会、或者说算法不透明带来的问题，而关于解决之道，他也并非一味奉行算法透明。[1]哪怕极力主张算法透明的帕斯奎尔，也承认干扰性披露本身也是算法黑箱的始作俑者之一。[2]因为公开的算法内容越多、信息量越大，算法分析的工作量和难度也会随之增加。在这个意义上，我们也与算法可知越来越远。这就好像有些公司为了妨碍会计审查，有意披露大量的冗余材料，让调查人员不得不在几万份材料里大海捞针。而干扰性披露的存在，不但是妨碍了算法可知，而且从另一个角度强化了本文对于算法透明必要性的质疑。

综上，算法透明不等于算法可知，甚至有可能会妨碍算法可知。算法透明并不是终极目的，它只能是通向算法可知的一个阶梯。并且，这一阶梯也并非必由之路，针对这一点笔者将会在本文第四部分进行论述。[3]因此，对于某些算法，即便算法透明，如果未能达到算法可知，也是于事无补，甚至适得其反。事实上，这是算法透明原则与传统公法上的透明原则的关键区别。传统公法上的透明原则，无论是立法上的透明，还是执法与司法上的透明，尽管不能百分之百地排除明修栈道、暗

---

[1] Frank Pasquale, *The Black Box Society*, at 6~8 (2015).
[2] Frank Pasquale, *The Black Box Society*, at 8, 16 (2015).
[3] 参见本文第四部分。

度陈仓的可能,但大体上,社会公众都能对所披露的信息(文本、音视频内容)有着较为明晰的认识。而算法透明原则却不尽然。一旦透明之后亦不可知,其透明性所能带来的规制效果也就无从谈起。更甚之,像干扰性披露那样误导披露对象,反而会减损而非增强规制效果。

(二) 算法透明不能有效防范算法规制难题

对于算法必要性的第二个质疑,涉及算法规制的实践。此处所要讨论的问题是:即便算法透明原则可行,那么,其是不是就像一些学者认为的那么必需、那么灵验,能防范算法歧视、算法失灵以及算法共谋等各类算法规制难题?本文认为,究其本质,算法透明原则仅仅是一种事前规制方式,我们不能夸大其在规制中的效用。

首先,算法即使透明、可知,也不意味着算法问题必然能被发现。单就算法漏洞而言,就包括了输入漏洞、读取漏洞、加载漏洞、执行漏洞、变量覆盖漏洞、逻辑处理漏洞和认证漏洞等。[1]这些漏洞的其中一部分的确可通过算法透明来防患于未然,但另外的部分却需要在算法执行过程中才能被发掘并加以解决。比如,著名的 Heartbleed 安全漏洞,从程序开发到安全漏洞被发现,用时整整 2 年,而该算法是开放源代码,完全符合算法透明原则——算法透明原则并不能帮助工程师在 2 年间发现这一漏洞。[2]

其次,即便算法透明,计算机工程师也不能确切预测算法与外部运行环境的交互。对于一些算法而言,它们的运行需要

---

[1] 尹毅编著:《代码审计:企业级 Web 代码安全架构》,机械工业出版社2015年版。

[2] Zakir Durumeric et al. , "The Matter of Heartbleed", 14 *ACM Internet Measurement Conf.* 475 (2014).

依赖于外部环境，比如外部软件[1]和外部客观条件等。例如，对于航空智能控制程序，需要根据特定时间的风向、风速、天气状况、飞机飞行角度等诸多外部客观条件来决定具体输出的结果。而最近波音飞机由于算法失灵接连发生两起坠机事故，恰恰证明即便算法透明我们也无法有效地避免算法失灵。而有赖于云计算、API等技术，目前算法与外部环境的交互已变得越来越频繁，这种交互带来的情境变化让算法透明更加无力承担化解算法问题的重任。

最后一点，也和算法透明的事前规制性质有关。即便算法透明，在执行算法的过程中，仍然无法保证排除第三方干预，从而影响最终结果。就像约舒华·克鲁尔（Joshua A. Kroll）等人所指出的那样："不管算法有多透明，人们仍然会怀疑，在他们自己的个案中，公开的算法规则是否真的被用来做出决策。尤其是当这个过程中涉及随机因素时，一个被安检抽查或被搜身的人可能会想：我难道是真的是被公平的规则选中了吗？还是决策者一时兴起，挑中了我？"[2]比如，在"卢米斯案"中，一位名为卢米斯的犯罪嫌疑人被COMPAS算法[3]裁判为"累犯风险较高"。[4]诚如卢米斯的诉状所主张的，不管COMPAS算法有多透明，他仍质疑，在自己的案例中，公开的算法规则是否真的被用来作出决定。再比如，电子酒精测试仪的算法。

---

[1] "Managing Software Dependencies, GOV. UK Service Manual", available at: https://www.gov.uk/service-manual/technology/managing-software-dependencies.

[2] [美]约叔华·A.克鲁尔等："可问责的算法"，沈伟伟、薛迪译，载《地方立法研究》2019年第4期。

[3] COMPAS（Correctional Offender Management Profiling for Alternative Sanctions），简言之，COMPAS通过算法计算出罪犯在前次犯罪后2年内的"累犯风险"，而算法所依据是的罪犯的各项生理特征和社会背景。COMPAS通过算法，可以给每一位罪犯计算出他的"累犯风险指数"。

[4] State v. Loomis, 881 N. W. 2d 749 (Wis. 2016).

算法的披露并不能保证测试结果的公正。在执行过程中，探头可能老化失灵、执法人员可能因操作失误、受贿、种族性别歧视而有意控制探测部位等等，规制程序的诸多环节都可能使透明算法规则导出不公正的裁判。换句话说，如果我们在算法公开和被披露之后，在执行算法的环节，受到算法之外的第三方因素介入，就像电子游戏的"外挂"或者黑客入侵程序一样，仍然可能导致算法得出不公正结果。[1] 而这些算法规制的问题是所有事前规制手段的一个盲区。

在此，笔者并不是想证明，除了算法透明原则之外，其他的规制手段在应对执行环节的问题时就能无往不利。本文只想指出，算法透明原则作为一项事前规制，有着它自身的局限，它并不能提供解决算法问题的万灵药方。而算法不透明也可能有其自身的价值（比如隐私保护、国家安全等），一味强调透明非但不能保证解决现有问题，还可能带来新的算法规制问题。

四、算法透明的合理定位和算法规制的重构

从算法透明的可行性和必要性两个维度而言，该原则在算法治理中存在缺陷和不足。尽管如此，我们不能否认，算法透明原则仍然在某些情境下，有其适用的可行性和必要性。于是，本部分结合其他相关规制模式，探讨算法透明原则在算法规制中的地位问题，并进一步重构目前的算法规制理论。

（一）计算机科学角度的算法透明

首先，我们来考察一下计算机科学角度的算法透明。美国计算机协会（Association for Computing Machinery）作为算法治理的

---

[1] James Grimmelmann, "Regulation by Software", 114 Yale L. J. 1719, 1741~1743 (2005).

业界权威，在 2017 年，公布了算法治理七项原则（见下表）。[1]

	美国计算机协会（ACM）算法治理七项原则	
1	知情原则	算法所有者、设计者、操控者以及其他利益相关者，应该披露算法设计、执行、使用过程中可能存在的偏见和可能造成的潜在危害
2	访问和救济原则	监管部门应该鼓励落实相关机制，确保受到算法决策负面影响的个人或组织，享有对算法进行质询并救济的权利
3	可问责原则	即便使用算法的机构无法解释算法为何会产生相应结果，它们也应对算法决策结果负责
4	解释原则	我们鼓励使用算法的机构解释算法运行步骤以及具体决策结果
5	数据来源处理原则	算法设计者应该说明训练数据的采集方法、以及数据收集过程中可能引入的偏见；对于数据的公共监督最有利于校正数据错误；处于隐私保护、商业秘密保护、避免算法披露后的恶性博弈等事由，可以对适格的、获得授权的个人进行选择性披露
6	可审计原则	模型、算法、数据和决策结果应有明确记录，以便必要时接受监管部门或第三方机构审计
7	检验和测试原则	使用算法的机构应该采取有效措施来检验算法模型，并记录检验方法和检验结果；使用算法的机构尤其应该定期采取测试，来审计和决定算法模型是否将会导致歧视性后果，并公布测试结果

从上述列表中，我们可以得到四个有关算法透明的教益。第一，知情原则对应的是算法透明中算法规制对象的知情权这一面向。但是，计算机工程师对于算法透明中的"知情"有更务实的把握——直接公开源代码不等于知情；而且，我们还需关注更深层次的"知情"，亦即"算法设计、执行、使用过程中可能存在的偏见和可能造成的潜在危害"。第二，计算机工程师对于算法透明的功用，有着更为清醒的认识，他们认为即便是公开和披露算法，也无法确切把握最终运算结果。于是，他们使用了"可能存在的偏见"（第 1 项和第 5 项）和"可能造成的潜在危害"（第 1 项）这样的模糊字眼，其所隐含的信息是，我们对算法的认知，只能力图接近，但很难确切把握。这与部分

---

[1] Association for Computing Machinery Public Policy Council, "Statement on Algorithmic Transparency and Accountability" (Jan. 12, 2017).

法律人对算法透明脱离实际的期许,形成鲜明对比。第三,计算机工程师明确意识到,算法披露本身,也受到其他条件的制约,比如第5项提到的隐私保护、商业秘密和恶性博弈。而这些制约,正如本文第二部分论述的那样,与算法透明的可行性有着持久的张力。[1]尽管限制披露对象("只对适格的、获得授权的个人进行选择性披露"),可以缓和这种张力,但这也无法根本解决所有冲突。第四,对于前文讨论的算法规制的两大类别,计算机工程师关注的,是事后规制,而非事前规制。除了第1项的部分内容和第5项之外,其余手段大体上均为可以纳入事后规制范畴。

从上述分析我们可以看出,计算机工程师——作为对算法技术比较熟悉的专家——对算法透明的局限,有着清醒的认识。一般而言,工程师更关心技术的细节,而法律人更关心技术所带来的权利、义务和责任。照此逻辑,比起法律人,工程师应该更关注算法透明所能带来的对于技术细节的理解及其对算法规制的意义。然而,在计算机工程师眼里,算法透明却并不处于算法规制的核心地位,这很能说明问题——要么就是算法透明,由于客观原因而难以实现,或者即便能够实现也无法确保他们对于技术细节的理解;要么就是算法透明,本身不足以让我们能够解决相应的算法规制问题。或许正是因此,以美国计算机协会为代表的业界,并未对算法透明报以奢望,而是倾向于事后规制(如救济、审计、解释、验证、测试、问责等)为主的规制策略。[2]

---

[1] 参见本文第二部分。
[2] 类似地,国内业界对于人工智能和深度学习软件进行规制时,主要也采取了事后规制的手段。参见中国人工智能开源软件发展联盟,"人工智能-深度学习算法评估规范",2018年7月1日。

(二) 算法透明原则的合理定位

算法透明原则仅仅是一种事前规制方式，尽管在某些情形下有可能实现"防患于未然"的作用，但是，我们并不能夸大其在规制中的效用。算法透明并不是终极目的，它只能是通向算法可知的一个阶梯。而算法可知，最终也要服务于其他规制手段。这一点，和上述计算机工程师对算法透明的定位相吻合，也可以呼应透明原则的传统政治学定位。

更重要的是，算法透明所能带来的规制效用，在很大程度上，可以被以算法问责为代表的事后规制手段所涵盖。算法规制最成熟的实例之一，便是美国对于 P2P 算法在音视频内容分享领域的规制。P2P 算法本身只是一种更为高效的文件传输技术，但在它问世之后迅速被用来传播音视频文件，其中大部分都是盗版内容。为了治理这类算法滥用，音乐电影产业和互联网公司的合力推动了版权立法和司法，而这种规制，更多的是以事后算法问责的形式出现。对于版权领域的算法问责机制，美国法传统有着多个层级的民事或刑事责任可以被适用，比如法人责任（Enterprise Liability）、替代侵权责任（Vicarious Liability）、帮助侵权责任（Contributory Liability）、产品责任（Product Liability）等。[1] 这一系列算法问责机制，对于算法的设计、执行和使用各个环节，都有规制力。而算法本身，或者说算法透明所指向的算法可知，对于厘清侵权事实或许有一定帮助，但却不是问责机制的重点。哪怕曾被 P2P 技术案件中所关注的"中心服务器模式"和"去中心服务器模式"的区分——可以通过算法透明来厘清——也在随后的判例中被消解，法官后来只看重的是算法在后果上，是否构成法律意义上的"帮助侵权"，

---

[1] Alfred C. Yen, "Internet Service Provider Liability for Subscriber Copyright Infringement, Enterprise Liability, and the First Amendment", 88 Geo. L. J. 1833 (2000).

而不是技术层面的"中心服务器模式"和"去中心服务器模式"的区分本身。[1]

正如前文分析所示，无论是从技术现实角度，还是从法理逻辑角度，算法透明都难以承担算法规制基本原则这一定位；充其量，它也只能扮演一个辅助角色。打个比方，算法透明原则在算法规制中的地位，就类似于《福尔摩斯》中的华生医生——他对于简单的案件事实调查和分析可能对福尔摩斯办案有帮助，但不是每个案子都派得上用场。弄清了算法透明作为华生医生这一定位，下文将给出线索，帮助我们寻找算法规制领域真正的福尔摩斯。

(三) 算法规制的重构

正如前文所述，传统政治经济学对于透明原则的考量，出发点都和限制公权力密不可分。一方面，透明原则可以加强对于政府的可问责性；另一方面，透明原则也可以赋予公民更大的知情权。然而，传统透明原则与本文所讨论的算法透明原则，在内在逻辑和实际应用方面，都有所不同。尽管政府也开始逐步使用算法施政，但目前大部分算法（包括大部分政府所使用的算法）都是由公司所开发，且这些算法的行为后果也不仅仅限于公民（也可能包括政府本身），因此，对于透明原则所能带来的强化政府可问责性和公民知情权两方面理据，并不能——至少不能完全——适用于算法透明原则。更重要的是，正如前文所述，比之传统政治经济学上的透明原则，算法透明原则在

---

[1] 有关P2P技术的几个经典判例，参见 A&M Records, Inc. v. Napster, Inc., 239 F. 3d 1004 (9th Cir. 2001); In re Aimster Copyright Litig., 334 F. 3d 643 (7th Cir. 2003); Metro-Goldwyn-Mayer Studios Inc. v. Grokster, Ltd., 545 U. S. 913 (2005)。到了2005年的"格罗斯特案"，法官已经摒弃了原有的技术层面的"中心服务器模式"和"去中心服务器模式"的区分，而将案件的焦点放在帮助侵权责任与替代侵权责任的问题中。

可行性和必要性上,有着很大瑕疵。换句话说,在实际应用层面上,算法透明原则也难以兑现我们对传统透明原则所期待的规制效果。

当然,本文前面的内容,集中讨论了算法透明原则在算法治理中的应用及其限制。可是,到目前为止,本文还没有具体展开"如何规制算法"这一核心问题。基于我们对算法透明的合理定位,接下来,本文将抛砖引玉,提出算法规制重构方面的一些思考。由于算法透明在规制效力上的不足和限制,它仅仅能在一些情境下作为辅助规制手段。在应用特定的技术措施来矫正算法问题之后[1]的事后规制,尤其是算法问责,应该是法律人所更应关注的重点。[2]

通常而言,事前规制注重于损害发生之前的防范,而事后规制则注重于损害发生之后的解决。就像P2P算法规制所揭示的那样,对于这两种不同规制进路的强调,有着强烈的现实意义。并且,如果我们从成本收益分析的维度切入这一现实意义,就可以看得更加清晰。事前规制往往在损害防范成本低于损害发生成本时,被优先采用。[3]在算法规制这一领域,如前文所述,算法透明作为事前规制模式的一种,其防范损害发生的成

---

[1] 对于具体技术措施,可以参考克鲁尔等人的文章,其中提及四种常见的矫正算法规制问题的技术措施,亦即软件检验、加密承诺、零知识证明和公平随机选择。参见[美]约叔华·A.克鲁尔等:"可问责的算法",沈伟伟、薛迪译,载《地方立法研究》2019年第4期。这一部分前置程序,并非本文讨论的重点,但需要强调的是,多种事后规制手段,都可能反过来倒逼相关技术措施的开发与应用。

[2] 中国人工智能开源软件发展联盟:"人工智能—深度学习算法评估规范",2018年7月1日。

[3] Steven Shavell, *Foundations of Economic Analysis of Law*, 87~91, 428~430, 479~482, Harvard University Press (2004).

本太高（尤其在面对机器学习和人工智能之时），[1]而同时收效也没有保证。即便损害发生的成本很高（比如飞机失事），也不能保证算法透明这一事前规制模式，是经济学上的更优选项。而事后规制在成本方面的好处主要有两点：其一，事后规制把一些很难获知且不一定有用的技术细节，利用事后规范或者追责的方式抹平了——我们把注意力集中到通过责任分配等手段来解决，而从成本收益角度跳出了的泥潭；其二，比之事前规制，事后规制在信息成本方面有着天然优势[2]——行为和后果往往在事后更容易得到明确，这点对于复杂算法所引发的后果尤其显著。本文限于篇幅，无力对算法规制作出细化的成本收益分析，但总体而言，笔者认为，事前规制在多数情况下，并非算法规制的更优选项，而作为事前规制手段的算法透明，更由于其在可行性和必要性上的不足，比之其他事后规制手段，其成本收益更显劣势。

除了成本收益考量之外，这两种进路的对比，也在某种程度上，折射出更深层次的两个算法规制理论面向：本质主义（Essentialism）和实用主义（Pragmatism）。这不禁让人想起几年前，雷恩·卡洛（Ryan Calo）和杰克·巴尔金（Jack Balkin）关于机器人规制的辩论。

对于机器人的规制，卡洛秉持本质主义进路，关注其机器人的技术特性，认为我们一定要先搞清楚机器人的技术特性，

---

[1] 必须承认，技术发展是一个动态、多维度的过程。如果未来可以回到我们在算法原初之时的对其的把握和认知，那么算法透明的成本便是可以降低的。但目前我们看到的趋势，正好与之相悖：2019年图灵奖就颁给了研究人工智能和深度学习的几位科学家，而他们的研究成果，恰恰是增加算法透明的成本。

[2] 有关事后规制在信息成本方面优势的经典论述，See Richard A. Posner, *Economics Analysis of Law* 490~491, Wolters Kluwer Law & Business (8th ed. 2011).

然后再根据这些技术特性,来实施对技术的规制。[1]巴尔金对卡洛本质主义的批判,非常有力、也富有启发。他指出,包括卡洛本人在内的几乎所有当代美国法律人,都受到霍姆斯大法官的法律现实主义的影响。[2]而按照法律现实主义者对于法律与技术的理解,技术特点其实并不那么重要,真正重要的是技术的应用方式以及这些应用所带来的、以权力配置为代表的社会关系变化。这是由于技术的背后,还存在着人们怎么使用、博弈甚至规避技术这些具体实践。而就像乔纳森·兹特芮恩(Jonathan Zittrain)提到的创生性(Generative)技术那样,人们在使用技术的时候,往往会背离开发人员的初衷,并有很多变化,也可以在使用过程中不断地改进技术。[3]法律人应该关注这些技术变动背后的社会关系变动,而不是变化的技术本身。这显然是非常霍姆斯也非常实用主义的观点。

让我们回到P2P技术的例子。究其本质,P2P技术就是一个共享文件的软件,但迅速被用来传播盗版音视频文件,并且依据这一特定需求,而开发出很多新的附带播放、缓存、去中心化等功能的盗版音视频共享"神器"。如果我们接受巴尔金的观点,把重点放在考察技术背后的社会关系,我们就能够跳出

---

〔1〕 Ryan Calo, "Robotics and the Lessons of Cyberlaw", 103 Cal. L. Rev. 513 (2015).

〔2〕 Jack M. Balkin, "The Path of Robotics Law", 6 Cal. L. Rev. Circuit 45 (2015). 巴尔金将其文章标题取为"The Path of Robotics Law",为的是呼应霍姆斯法官的经典文章"The Path of Law"。参见 Oliver Wendell Holmes, Jr., "The Path of the Law", 10 Harv. L. Rev. 457 (1897). 霍姆斯法官在文章中强调:由于法律是社会生活综合力量所推动而成,我们应当从其社会功能和具体适用角度,来理解法律。事实上,不单单是美国法学界受到实用主义的影响,实用主义的痕迹遍及整个20世纪的美国社会科学界。参见[美]多萝西·罗斯:《美国社会科学的起源》,王楠、刘阳、吴莹译,生活·读书·新知三联书店2019年版。

〔3〕 Jonathan Zittrain, *The Future of the Internet: And How to Stop It* 67 (2008).

本质主义所设置的迷宫，更直接地回应具体的规制问题。不再过多纠结于技术本质，也可以帮助我们更好地考察与具体权利义务关系有着更直接关联的规制要素。比如对于 P2P 技术所引发的盗版问题的规制，与其纠结于技术本质，不如更多关注人们使用或规避 P2P 技术时，所引发的权利义务关系的变化。现如今 P2P 技术下载的盗版音视频作品得到遏制，除了法律规制以外，还要依赖于更便捷的流媒体（附带会员和广告营销）商业模式——既然获得正版成本没那么高，人们也就没必要承担 P2P 盗版的法律风险和麻烦。而这些都与 P2P 技术算法的具体细节，没有直接关联。

重温卡洛与巴尔金的论辩，有助于我们理解以算法透明为代表的事前规制与以算法问责为代表的事后规制的区别，对算法规制理论的构建，有着重要意义。前者关注技术本质，后者关注技术所引发的后果，两种规制思路的分野，在某种程度上，恰恰折射出关于技术本质的算法透明和以算法问责为代表的、关注法律后果的规制模式的比照。算法透明，就是要规制者搞明白，目标算法究其本质是什么，根据算法的特性，来施以规制。而以算法问责为代表的事后规制模式，就是要规制者去考察算法在实际运作中的具体结果及其背后的社会关系变化，针对它们来施以规制。[1]

这种学术讨论上的比附，也有助于我们反思当前算法透明原则在理论上的悖谬，以避免陷入"透明""公开""开放"等一些大词的迷思，而忘却法律人面对的具体规制问题以及其中可能存在的理论意义。换言之，法律人面对算法规制问题时，应当着重考量算法所引发的、以权力配置为代表的社会关系的

---

〔1〕 Deven R. Desai and Joshua A. Kroll, "Trust but Verify: A Guide to Algorithms and the Law", 31 Harv. J. L. & Tech. 1, 6 (2017).

变化（比如算法何以引发歧视性后果），而不是把关注点放在算法的技术本质（比如源代码是如何编写的）。

本文的论证进一步表明，带有强烈本质主义色彩的算法透明，在可行性和必要性上都存在瑕疵，只能作为算法规制的辅助手段存在。换句话说，算法本质应不应该被探究、能不能被探究清楚以及探究清楚之后能否保证有效规制，在本文看来，统统存疑。反之，实用主义导向的事后规制手段，较之算法透明有着更多优势，应该作为算法治理中的主要手段，而且也应当是法律人可能的理论贡献所在。后者，才是法学界应对算法问题的福尔摩斯。

当然，有些人可能质疑，我们一开始就把解决问题的重点放到了算法应用效果上，那么算法本质与算法应用之间转化的相关规制问题，可能就会在结构上被忽略了。这并非笔者本意。事实上，事后规制并不排斥在显现应用特定的技术措施来矫正算法问题，而且很多改造算法本质的技术措施，恰恰是由于事后规制倒逼而产生的。比如美国通过《儿童在线隐私保护法》（COPPA）及后续一系列判例形成对算法的事后问责之后，儿童保护网络内容软件的不断改进迭代。

最后，我们再把这一规制进路，具象化地放到部分前例中。对于机场安检歧视，不应当算法透明，而更适合事后问责；导弹试射事故，不应当算法透明，而更合适事后问责；自动飞行事故，没必要算法透明，而更适合事后问责；酒精检测失灵，没必要算法透明，而更适合事后审计……而如何把后面这些具体的事后规制制度的设计得更好，恰恰是法律人理应关注的问题。篇幅有限，笔者在本文中无意、也无法提供完整的算法规制图景，但就目前文章所论，至少揭示了算法透明的局限性，以及事后规制在实践中和学理上的优越性，为后续的讨论提供了基础。

结　语

为了应对当下算法在社会生活的应用中带来的一系列问题，法学界对于算法规制，有着迫切的需求。而学界对于算法透明原则的推崇，也是在某种程度上也构成了算法规制问题及其制度回应的重要组成部分。然而，正如本文所揭示的，目前法律人所极力推崇的算法透明原则，作为事前规制的一种方式，其在可行性和必要性上，都存在瑕疵。本文无意完全否定算法透明在算法规制中的作用，但我们更应当充分认识算法透明的不足和适用的局限。而更为合理的规制手段，应当是实用主义导向的、以算法问责为代表的事后规制手段。

本文旨在进一步揭示批判算法透明原则的理论意涵。不可否认，在切入法律与技术这一交叉领域时，法律人当然有必要对技术有所了解，才能言之有物。[1]然而，法律人对于技术本质的过分强调，可能会带来研究的困境和危险，体现在两个方面：其一是盲目夸大，由于自身技术专业能力不足，从而"神圣化"或"妖魔化"技术本质；其二是削足适履，过分纠结于技术本质，导致无法充分考察法律及其他规制要素对技术所引发的社会关系可能的回应。毕竟法律更应关注的，是算法失灵、算法歧视以及算法共谋等问题所带来的权利、义务和责任的关系，而不是这些技术问题本身，而后者是计算机工程师所关注的。

法律人一味强调算法透明，哪怕披上了一件漂亮的"科学"的外衣，其在法律和制度层面上的意义，依旧是模糊的，甚至

---

〔1〕　戴昕："超越'马法'？——网络法研究的理论推进"，载《地方立法研究》2019年第4期。

我们可以断言，单纯地探究算法透明，将限制法学界在算法规制领域的贡献。在笔者看来，那些一味强调算法透明的法律人，一方面，很可能是对算法技术本身一知半解，对算法可知以及算法透明的应用范围和规制效用，抱有不切实际的期待；另一方面，恐怕对网络法也缺乏深入理解，把本来可供法律人思考和探究的算法规制问题，推给了算法本身以及算法开发人员，用"透明""公开""开放"这样的大词装点门面，以掩盖知识上的贫乏。说到底，算法所引发的法律问题，无论在私法还是公法领域，都要求法律人在侵权法中的第三方责任理论、注意义务理论、因果关系理论、行政法中的正当程序理论、问责理论、法经济学中的成本收益分析等法学理论框架下，甚至在更广阔的社会科学理论框架下，来讨论类型化的应对，并借此尝试提出新的理论洞见。

一个多世纪前，工业事故危机引发了美国法律制度的大变革，包括霍姆斯在内的诸多美国法学家参与了这一进程，向美国的法律体系引入和构建了侵权法、事故法和保险法体系，当时的许多理念和制度直至现在依然屹立不倒。[1]现如今的算法规制危机，从某种程度上，也是向法律人开启的一个契机——这同样是法律人面对一个相对开放的领域，一个充满可能性的历史时刻。而正像本文所揭示的，实用主义进路，更可能帮助法律人跳出算法透明原则的迷思，更能够找到传世的理念和制度。

（沈伟伟："算法透明原则的迷思——算法规制理论的批判"，
原载《环球法律评论》2019年第6期。）

---

[1] [美]约翰·法比安·维特：《事故共和国：残疾的工人、贫穷的寡妇与美国法的重构》，田雷译，上海三联出版社2013年版，第6~9页。

商业自动化决策的算法解释权研究

张凌寒[1]

摘要： 自动化决策广泛应用，算法的评分、排序决定和影响着相对人贷款、就业、信誉等诸多权益。但当算法作出不利甚至错误决策时，相对人无从知晓原因更遑论改正其错误决策，严重缺乏应有的救济。笔者通过梳理现有法律资源发现，传统制度在自动化决策场景下均不敷适用，无法为相对人提供算法决策的解释。法律应配置独立的算法解释权，用以衡平自动化决策使用者与相对人不对称的权力关系，作为合同制度在人工智能时代的因应性变革。算法解释权的理论正当性亦可在贯彻意思自治原则、矫正信息不对称、分配风险负担等层面得到充分证成。算法解释权的内在构造具有独特的内容要求和双层架构，其具体制度应在兼顾效率和公平的原则下进行设计。

关键词： 算法解释权；自动化决策；意思自治；信息不对称

一、问题的提出：自动化决策广泛应用带来的"算法暴政"

打开购物网站，页面会自动推荐用户感兴趣的商品，打开

---

[1] 社科基金项目"创新社会化趋势对知识产权法的挑战及应对研究"（17BFX113）阶段性成果。感谢"比较法学与跨文明对话会议"上各位专家提出的意见。文责自负。

手机地图，导航功能会自动规划回家的最优路线……这些发生在日常生活的场景，都是算法根据我们在网络世界中留下的浏览历史、上网习惯、购物记录、位置数据等作出的评价和预测。这种算法根据大数据作出的打分、评价和推荐等被称为自动化决策，它被广泛应用于商业领域以提高客户点击率和交易利润率。人工智能的本质就是算法的自动化决策，正如Cloudera联合创始人兼首席技术官艾姆尔·阿瓦达拉所说[1]："我不喜欢人工智能这个说法，更准确的说法是决策的自动化，我们如何来搜集数据，利用数据进行分析，并尽可能多地让机器做出一部分的决定。"

和人的决策相比，算法的自动化决策具有相对客观、公正、高效等特点，因此其应用逐渐遍布社会生活各个领域。例如，我国某大学使用算法根据消费记录识别学生经济状况，帮助确定贫困生补助发放；[2]银行广泛利用算法来对客户进行信用评估，以决定是否发放贷款；美国教育部门使用算法确定教师聘用合同是否续期；[3]在美国的某些法庭中，法官会利用算法来对罪犯重复犯罪的风险进行评估[4]。算法的自动化决策甚至通

---

[1] 参见"Cloudera联合创始人：AI还在决策自动化阶段"，载《第一财经日报》2017年11月14日。

[2] 据报道，中科大采用算法，根据学生的消费频率、消费金额来识别贫困生并进行隐形资助。而未曾在学校食堂经常用餐却消费很低的学生也由算法判断不符合资助标准。参见"暖心！这所大学竟用这种方式，偷偷资助不舍得吃饭的学生…"2017年7月10日报道，载http://www.sohu.com/a/157397381_252526。

[3] C. O'Neil, *Weapons of Math Destruction*: *How Big Data Increases Inequality and Threatens Democracy*, Broadway Books, 2017, p.12.

[4] Northpoint公司开发的犯罪风险评估算法COMPAS对犯罪人的再犯风险进行评估，并得出一个再犯风险分数，法官可以据此决定犯罪人所遭受的刑罚。See T. Brennan, W. Dieterich and B. Ehret, "Evaluating the Predictive Validity of the Compas Risk and Needs Assessment System", *Criminal Justice & Behavior An International Journal*, 2009, 36 (1), pp.21~40.

过国家公共部门在社会保障、医疗保健、公职人员监督和司法系统等领域直接影响着人的各项基本权利。

但是,由于历史数据的偏差、设计者嵌入的偏见,以及技术的不完善,算法经常做出错误的、歧视性的自动决策。例如,美国航空公司的一位资深驾驶员称,由于机场人脸识别的算法将他与一位爱尔兰共和军领导人混淆,使得他先后80次在机场遭到拘禁。[1]美国一些法院使用的犯罪风险评估算法COMPAS被证明对黑人造成了系统性歧视。[2]有学者指出,私营企业和政府公共部门采用算法和大数据做出的自动决策,使得数百万人无法获得保险、贷款、出租房屋等一系列服务,如同被监禁在"算法监狱"。[3]然而,自动化决策的算法不公开、不接受质询、不提供解释、不进行救济,相对人无从知晓决策的原因,更遑论"改正"的机会,这种情况被学者称为"算法暴政"。[4]各国均试图解决自动化决策不透明对公民权利的危害,其共识是提高自动化决策算法的透明度,以接受公众监督和质询。

虽然此文研究的对象名为算法解释权,但目的却在于建立

---

[1] "应建立第三方机构以管控做出糟糕决定的人工智能",载 http://www.sohu.com/a/125322861_465915.

[2] 非营利组织ProPublica研究发现,Northpoint公司开发的犯罪风险评估算法COMPAS系统性地歧视了黑人,白人更多地被错误地评估为具有低犯罪风险,而黑人则被错误地评估为具有高犯罪风险的概率两倍于白人。Kirchner et al., "Machine Bias: There's Software Used Across the Country to Predict Future Criminals. And It's Biased Against Blacks", ProPublica https://www.propublica.org/article/machine-bias-risk-assessments-in-criminal-sentencing.

[3] B. Davidow, "Welcome to Algorithmic Prison-the Use of Big Data to Profile Citizens Is Subtly, Silently Constraining Freedom", *The Atlantic*, 2014, 20 (2), pp. 12~17.

[4] B. Lepri, J. Staiano and D. Sangokoya, *The Tyranny of Data? The Bright and Dark Sides of Data-Driven Decision-Making for Social Good*, Transparent Data Mining for Big and Small Data, Springer International Publishing, 2017, pp. 3~24.

自动化决策相对人的事后救济机制。由于其以赋予自动化决策相对人权利为主要内容，故而以算法解释权为起点展开。自动化决策的算法既在私法领域的商业部门被广泛使用，又深度参与了公共部门的决策。然而，私法与公法两个领域均有独立的基本原则和运作规则，公共部门的自动化决策涉及公权力的运行规则，相对人提起解释的权利基础与私法领域并不相同，故此本文将算法解释权的探讨局限于私法领域，即商业自动化决策，为了行文简洁，下文均简称为自动化决策。

二、商业自动化决策情况下既有法律资源之不敷

算法解释的目的是使自动化决策的相对人了解对其不利的决定是如何做出的，以便在确有算法歧视和数据错误时提供救济。在商业自动化决策下，算法解释可适用的法律资源应先通过梳理既有民商法制度寻找。自动化决策是根据用户与自动化决策使用者订立的合同实施的，当可能发生错误时，相对人可考虑的路径包括要求确认自动化决策的用户协议符合显失公平、欺诈、重大误解条件，也可以考虑适用民事合同相对人的违约请求权、侵权责任中的赔偿请求权，以及在商业场景中消费者的知情权。然而，现有法律资源面对自动化决策场景均有严重不足，适用场景与算法场景差异太大，效果并不符合算法解释问题的初衷，无法起到救济自动化决策的相对人的作用。

（一）合同效力制度不符合算法解释之场景

当自动化决策发生错误时，受到不利决策的相对人可考虑通过合同效力制度来救济。但经过梳理我们可以发现，通过认定合同效力瑕疵无法获得自动化决策解释，其制度效果不符合算法解释的初衷。如 2017 年 5 月美国二手房销售网站 Zillow 被一位房主告上法庭，认为其使用的自动估价算法 Zestimates 严重

低估了其房产价值，造成其二手房在几年内一直无法售出合理价格，给销售制造了严重障碍。[1]相对人的诉求是 Zillow 能够为其估价提供合理解释，并重新合理评估其房屋价格。然而，这样的相对人的目的并不能通过合同效力制度得到实现。

第一，合同效力制度相悖于算法解释之目的。无论是重大误解还是欺诈均为合同意思表示的"错误制度"，即表意人若知其情事即不为意思表示的，表意人可撤销其错误的意思表示。制度目的是为非自愿同意的合同的后果提供救济，回到当事人未缔结契约前的权利状态，而不是对实体不公平本身提供救济。[2]然而，算法解释的目的是使当事人知情，以修正而非退出合同回到原始权利状态。相对人需要包含自动化决策的这份合同，以获得评估、预测、信贷等服务。

第二，难以认定自动化决策存在意思表示瑕疵。合同效力制度的手段是认定合同的缔结违反意思自治原则，而意思表示瑕疵分析不适用于自动化决策错误的场景。自动化决策的目的显然不是故意使相对人陷于错误认识，很难从主观上认定自动化决策者意思表示具有欺诈的故意。在重大误解情景下，非出于救济需要，相对人不会主张"若知其情事则不为意思表示"。

(二) 违约请求权无力救济自动化决策相对人

那么，相对人是否可以要求自动化决策使用者承担违约责任呢？遗憾的是，民事合同的违约请求权由于制度目的、程序与举证责任等因素，无法救济自动化决策的相对人。例如，淘宝网的用户协议要求用户接受自动化决策对于违约行为、支付

---

[1] See, "Cook County homeowner sues Zillow for low Zestimate", http://www.chicagotribune.com/classified/realestate/ct-re-0514-kenneth-harney-20170510-column.html.

[2] [英] 休·柯林斯：《规制合同》，郭小莉译，中国人民大学出版社 2014 年版，第 281 页。

风险的判定结果。"淘宝可依据您的用户数据与海量用户数据的关系来认定您是否构成违约；您有义务对您的数据异常现象进行充分举证和合理解释，否则将被认定为违约"，"淘宝会依照您行为的风险程度指示支付宝公司对您的支付宝账户采取取消收款、资金止付等强制措施"[1]。但用户很难通过违约请求权知晓具体算法决策的理由进而获得救济。

首先，违约请求权的制度目的在于依赖公权力保障当事人适当依照合同履行约定。一方面，合同中并未保证决策正确，如支付宝并未在合同中将决策合理、正确作为合同义务。另一方面，算法解释的目的在于知晓错误决定是如何做出的，而知晓决策的考量因素和利用数据并非用户协议中明确约定的合同义务，例如支付宝没有提供具体封号、降低信用评分决定的证据的约定义务。

其次，算法自动化决策使用者多为面对海量用户的互联网平台。当用户不服自动化决策时，一般首先要走内部的申诉和处理流程。但其规则和程序完全由互联网企业设定，更不会在做出接受或否定申诉的决定时告知用户实质性的理由。

最后，如果自动化错误决策的相对人起诉至法院，按照民事诉讼的举证责任"谁主张，谁举证"，相对人则需要在不知晓自动化决策规则的前提下，证明其决策是错误的。如前文提到的支付宝的用户协议，相对人需要"自证其无罪"。因此，在现行算法自动化决策的使用者——网络平台——早已形成网络治理的私权力情况下，[2]以相对人的一己之力对抗算法的错误决

---

[1] 参见"淘宝平台服务协议全文"6.1-6.2，载 http://b2b.toocle.com/detail--6361764.html。

[2] 周辉：《变革与选择：私权力视角下的网络治理》，北京大学出版社2016年版，第28页。

策基本不可能实现。

(三) 不利的自动化决策不满足侵权责任之构成要件

受到不利决策的相对人可考虑主张侵权责任。由于自动化决策并无适用特殊归责原则的情形，因此一般适用于过错责任原则。但此路径受到侵权责任的过错、损害因果关系等构成要件的多重限制。

首先，主观过错难以证明。自动化决策的使用者一般主张算法错误为客观"技术错误"而非主观错误。而以相对人的技术能力证明其使用的算法确实存在嵌入的偏见和数据的滥用极不现实。其次，损害结果隐秘且难以证明。自动化决策的不利结果很多是"拒绝"，如不予提供贷款，不予批准保险等，相对人有时甚至根本不知道不利决策的存在。机会的丧失很难被认定为是相对人人身和财产的损害。最后，决策与损害的因果关系难以证明。算法使用数据进行自动化决策多依据相关性进行预测和评价，而非依据因果关系。侵权行为与损害结果之间的因果关系链条难以成立。

此外，也可思考特殊的侵权责任路径，即向算法开发者主张产品责任。产品责任属于特殊侵权责任，除了上文所述的一般侵权责任的主观过错、损害结果与因果关系的证明困难之外，产品责任的救济路径还面临更多的困境：其一，算法的法律地位是"产品"吗？我国的《产品质量法》对产品的定义为"经过加工、制作，用于销售的产品"[1]。而用于自动化决策的算法并无实体，甚至在知识产权领域尚未明确作为专利保护。其二，产品责任的核心是产品缺陷。错误的自动化决策有可能是算法本身缺陷造成的，也有可能是由决策使用的错误数据造成

---

[1]《中华人民共和国产品责任法》第 2 条第 2 款。

的,而仅有算法本身的缺陷方可主张产品责任。但是,没有具体自动化决策错误的解释,无从了解错误决策的原因。

(四)消费者知情权无法提供真正的算法解释

针对相对人(如主张消费者)的知情权,算法的法律定位仍为企业的工具而非商品,并且算法使用者可主张算法属于商业秘密提出抗辩。

其一,商业场景下算法的法律定位仍为企业的"工具"。现行法律尚不认可算法自动决策独立拥有资源配置权力,可直接影响消费者权利。其二,即使算法直接作出的决策损害消费者利益,自动化决策的算法使用者也可以商业秘密作为抗辩理由拒绝公开决策的内容和理由。即使是在支持数据控制着对用户有一定信息披露义务的欧洲,适用于自动化决策的算法访问权限的限制,尚未在欧洲各地法院的判例中得到普遍的明确界定。[1]例如,德国数据保护法规定,数据控制者必须在决策的"评估"中向用户通报其所考虑的因素,但不必揭示给予每个因素的精确重量(即在自动化决策过程中使用的版权保护算法)。[2]德国SCHUFA59判决显示,[3]用户没有权利彻底调查自动处理系统(在判例中是信用评分)的准确性,因为基础公式受到商业

---

[1] "for instance, debate in the UK House of Lords concerning the meaning of 'logic involved' and 'trade secrets' in the 1998 Data Protection Act: Grand Committee on the Data Protection Bill, Official Report of the Grand Committee on the Data Protection Bill [HL]" (*Hansard*, 23 February 1998) (UK Parliament-House of Lords 1998) <http://hansard.millbanksystems.com/ grand_ committee_ report/1998/feb/23/official-report-of-the-grand-committee#S5LV0586P0_ 19980223_ GCR_ 1>.

[2] Douwe Korff, "New Challenges to Data Protection Study-Country Report: United Kingdom" (European Commission DG Justice, Freedom and Security 2010) 48 <http://papers.ssrn.com/sol3/papers.cfm? abstract_id=1638938>.

[3] S. Wachter, B. Mittelstadt and L. Floridi, "Why a Right to Explanation of Automated Decision-making Does not Exist in the General Data Protection Regulation", *International Data Privacy Law*, 2017, 7 (2), pp.76~99.

秘密的保护。

现有法律资源无法为受自动化决策损害的相对人提供算法解释权的救济。而当算法自动化决策相对人受到损害时，提供救济又是切实的利益需要。基于此，依据算法的法律定位而配置独立的算法解释权成为必要。

三、新的路径：配置独立的算法解释权

智能革命的出现给当下的伦理标准、法律规则、社会秩序及公共管理体制带来一场前所未有的危机和挑战。[1]现有人工智能时代的法律制度供给严重不足。越是在此时越应保持法学研究的冷静与克制，避免草率地以"现象描述"方式创制权利。但当穷尽现有法律制度仍无法为相对人提供合理救济时，即应大胆配置新型权利，以弥补传统权利体系应对人工智能时代技术发展的不足。正如哈贝马斯所言"权利是一种社会构造"，[2]算法解释权既符合公平正义的价值取向，又符合人工智能时代的需求和特征。

本文的算法解释权指的是，当自动化决策的具体决定对相对人有法律上或者经济上的显著影响时，相对人向算法使用人提出异议，要求提供对具体决策进行解释，并要求更新数据或更正错误的权利。在商业自动化决策领域探讨算法解释权配置的必要性，无法绕开的问题是，一份基于意思自治而同意参与自动化决策的民事合同，为何要超越合同配置给一方相对人额外的权利？算法解释权配置的目的究竟是什么？

---

〔1〕 吴汉东："人工智能时代的制度安排与法律规制"，载《法律科学（西北政法大学学报）》2017年第5期。

〔2〕 [德]哈贝马斯：《在事实与规范之间：关于法律和民主法治国的商谈理论》，童世骏译，生活·读书·新知三联书店2003年版，第278页。

包含同意自动化决策的合同,使得自动化决策者和相对人之间从平等的民事主体关系,转化为权力和支配关系。相对人地位不再衡平,合同制度需要做出因应性调整。创制算法解释权目的为平衡二者之间的不平等,为相对人提供额外制度救济以达成实质平等。此论断可从两个方面获得论证:其一,自动化决策者和相对人的权力维度是财富和市场地位差距的附属物;其二,算法解释权的配置可有效衡平此种差距。另外,算法解释权的确立可为人工智能技术的未来发展预留一定的空间。

(一) 自动化决策双方之权力维度

自动化决策使用者与相对人之间存在着巨大的财富、地位、权力差距,合同的形式无法保证平等。算法自动化决策使用者多为面向海量用户的互联网平台,姑且不论垄断型网络企业与普通用户之间的财富差距,仅由于格式化用户协议的存在,双方就确立了权力支配关系。第一,用户协议不是经过协商的合同,提供格式合同的算法自动化决策使用者享有更为充分的话语权和解释权,因此其并非是双方自我规制的结果,而是一方独占地单边规制的结果。第二,用户协议的格式合同的条款中,自动化决策使用者通过免责和排除条款将风险分配给相对人。合同出现争议时,格式合同赋予自动化决策使用者强大的能力。如支付宝的用户协议已经要求用户需"自证其清白",在如此失衡的基础上想依合同实现由自动化决策者提供决策解释显然如同天方夜谭。第三,而格式用户协议中往往包含了对相对人的自我执行,因此也就根本不需要协商。实证研究也显示,相对人完全处于被裁决的弱势地位,并无实质性的交涉,网络平台内自设的申诉调解机制根本无法发挥救济作用。[1]

---

[1] 胡平仁、杨夏女:"以交涉为核心的纠纷解决过程——基于法律接受的法社会学分析",载《湘潭大学学报(哲学社会科学版)》2010年第1期。

这种自动化决策使用者与相对人不对称的权力关系，达到了有史以来合同双方地位悬殊的顶峰。在亚当·斯密时代，即英国工业革命期间，小工厂主身兼所用者与经营者于一身，不法奸商至多可以偶尔利用欺诈来骗取对方，合同制度中的意思表示错误制度尚可以应付此类问题。[1]随着贸易的扩大，股份公司兴起但仍以中小型企业为主，斯密的理论逻辑仍然成立。然而，当垄断市场形成，公司巨型化发展，定制化、反复化交易普及，格式合同日益增多后，合同双方不平等加剧，合同法制度被迫做出调整，以规制格式合同，甚至交由经济法来解决市场主体不再平等、传统手段失灵的问题。[2]如果说在垄断市场下，企业与用户的地位仅仅是财富和市场地位存在差距的产物，那么自动化决策使用者与相对人之间还有知识垄断的鸿沟。这种由财富、市场、知识技术地位带来的合同双方的悬殊地位，需要合同法制度创新予以应对。

（二）配置算法解释权以规制算法权力

算法解释权的配置，是合同制度为应对当事人之间地位差距的加剧而做出的调整。这并非是合同法制度第一次因为双方权利的差距而做出创新。这些创新的一致之处是额外配置权利或义务以使双方地位接近平等，保证意思自治与公平。比如，在消费者与商家的合同中，法律施加给商家明码标价、质量担保、出具收费单据等义务；保险业发展后，面对保险合同双方实际地位的悬殊，合同制度赋予投保人享有有利解释的权利，即当合同需要解释时，偏向于有利于弱势投保人的一方。产业

---

[1] 邢会强：<信息不对称的法律规制——民商法与经济法的视角>，载《法制与社会发展》2013年第2期。

[2] 周辉：《变革与选择：私权力视角下的网络治理》，北京大学出版社2016年版。

革命后,在劳资双方力量对比日益加大的情况下,合同制度甚至在一定程度上牺牲了意思自治原则,允许劳动者订立集体合同,获得与雇佣者谈判的能力,以衡平双方实质上的地位不平等。而算法解释权的配置,即是在一份看似基于意思自治而缔结的民事合同之外,额外赋予相对人得到算法解释的权利,以对双方悬殊的地位做出纠偏的制度。

算法解释权本质上是对自动化决策"算法权力"的规制,用以应对人工智能时代的技术特征。当网络平台基于民事合同进行网络治理的"私权力"已经逐渐被广泛了解和接受时,[1]"算法权力"[2]也应引起关注。算法权力包括控制新闻议程以影响言论自由、决定资格审查批准以影响地位收入、协助评估雇员影响人的工作机会。其以"算法"作为主语则是因为算法逐渐脱离了纯粹的工具性角色,而有了自主性和认知特征,甚至具备了自我学习的能力。故而,传统民事责任制度难以适用于算法自动化决策的损害,因为其逻辑基础在于假设任何损害都可归结为人类的行为,进而进行责任的分配。法律逐步承认算法控制下的智能人的法律地位是必然趋势,为其创设新类型,具有自身特性和内涵的权利、义务、责任承担等也是未来法律的发展方向。[3]

算法解释权应对了人工智能时代"算法"角色的转化,并为其未来法律定位发展的可能性预留了空间。在算法的功能较

---

[1] 吴汉东:"人工智能时代的制度安排与法律规制",载《法律科学(西北政法大学学报)》2017年第5期。

[2] See N. Diakopoulos, "Algorithmic Accountability: Journalistic Investigation of Computational Power Structures", *Digital Journalism*, 2015, 3 (3), pp. 398~415. 此文中作者也提出了"algorithm power"算法权力的概念。

[3] [美]佩德罗·多明戈斯:《终极算法:机器学习和人工智能如何重塑世界》,黄芳萍译,北京中信集团出版社2017年版,第1页。

为依赖数据的情况下,责任更加难以从数据流和算法中被识别,只有算法本身才有可能提供合理的解释。以"算法"解释权为名,既强调了解释的对象,也考虑到了算法未来本身可能成为提供解释的主体。

四、算法解释权的理论正当性

算法解释权既是合同法顺应时代的制度创新,又是传统理论顺理成章的发展延续。算法解释权可消弭法律实然权利与应然权利的鸿沟。其理论正当性的证成充分说明,算法解释权并非心血来潮的创制,而是具有传统权利的逻辑基础,是对现有的利害关系人权利畸轻的调适,目的是以新制度实现古老平等、自由、正义的目标。

(一)平等:算法解释权是信息不对称的矫正工具

平等的内涵随着时代变迁而不断改变,早已从强调自由和人权的政治平等,扩展到强调资源和福利的经济平等,进而到强调机会和能力平等的社会平等。[1]人工智能时代的到来产生了新的不平等,而这种不平等更加隐蔽和严重——知识、信息获得和掌握的不平等。这种不平等甚至会转化为认知的不平等和能力的不平等,对人的权利和地位造成实质影响。人工智能时代,自动化决策应用虽广泛但知晓算法知识者寥寥。相比于商业合同中双方掌握价格、品质信息的不对称,自动化决策事项上的信息不对称堪称"黑箱"。而算法解释可在商业化决策领域促进此种信息获取和掌握上的平等。

信息不对称是现代契约理论中最为重要的部分之一。信息不对称是指这样一种情况,即缔约当事人一方知道而另一方不

---

[1] 俞可平:"重新思考平等、公平和正义",载《学术月刊》2017年第4期。

知道,甚至第三方也无法验证的信息。即使验证,也需要巨大的人力、物力和精力,在经济上是不合算的。[1]信息的不平等影响意思表示的真实性,一方无法有效做出判断而引发不公平和低效率。故而,民商法中许多重要的制度都尽力扭转信息劣势一方的地位,以提高其经济地位与缔约能力,保障民商法意思自治、平等保护等精神内核。[2]合同中一系列意思表示影响合同效力的制度,如重大误解、欺诈制度,对格式合同弱势当事人的保护都起到了"信息纠正"功能。[3]法律甚至创制了看似偏向一方的制度来纠正信息不对称的地位,如保险法合同中的最大诚信原则与有利解释原则也源于保险合同的高度信息不对称性。[4]

算法解释权是自动化决策中信息不对称的有效纠偏工具,其作用在于使信息从信息优势方向信息劣势方流动,从而达到双方衡平。民商法的私法属性不需公权力的强制执行力介入,仅通过制度设计来达到信息披露的目的。因此,赋予信息弱势的相对人以算法解释权,使其得知不利自动化决策做出的具体原因,达到对信息不对称事后补救的效果。算法解释权合理性证成可在现行法律中寻找类似制度。保险合同中,保险合同具有高度信息不对称性,保险公司需履行主动告知义务,且告知需遵循最大诚信原则。而在自动化决策合同中,自动决策的算法完全处于"黑箱"中,仅需依相对人请求而履行告知义务,

---

[1] 张维迎:《博弈论与信息经济学》,上海三联书店2012年版,第396页。

[2] [美]佩德罗·多明戈斯,《终极算法:机器学习和人工智能如何重塑世界》,黄芳萍译,中信集团出版社2017年版,第6页。

[3] 刘大洪、廖建求、刘建新:"消费信息不对称的法律规制",载《法学论坛》2003年第4期。

[4] 唐清泉:"信息不对称下的激励与监控的模型分析",载《中山大学学报(社会科学版)》2001年第2期。

解释不利决策的原因。根据"举轻以明重"的原则，信息优势更强者却承担义务更轻的算法解释权具有当然的理论正当性。

从效率角度考量，由自动化决策者承担算法解释的义务也更加节约交易成本。自动化决策者获取不利决策的成本最低，"信号发送"成本与相对人比较更低。在目前没有算法信息披露制度的情况下，此项义务由相对人主动提起、由自动化决策者解释是成本最低的。

由此可见，算法解释权的确立是民商法的私法属性和意思自治原则使然。这是基于平等主体假设和意思自治基本原则采用的事后的补救措施。与民商法中的其他类似制度相比，算法解释权加诸信息优势地位者的负担甚轻，甚至并非真正意义上的矫正工具，仅聊做补救而已。

（二）自由：算法解释权是意思自治的必然推论

意思自治原则为民事领域保障自由价值的基本原则。它允许民事主体以自己的意思设立民事法律行为，对于保障民事主体的自由权利，体现民事主体人格利益的存在，保障个人尊严、社会公平正义至关重要。算法解释权是意思自治原则的应有内涵和必然推论。

当商家需面对大规模的用户时，只能依赖算法的自动化决策进行庞大的平台管理，通过用户协议获得用户对自动化决策的同意成为必然选择。即使用户协议中没有自动化决策的条款，用户接受自动化决策也会因实践行为而成为事实合同。故对算法解释的理论分析首先依合同理论展开。意思表示是合同效力的核心要素，而算法解释是当事人基于意思自治同意用户协议的必然推论。

通过整理知名互联网服务企业的用户协议我们可以发现，其用户协议均包含获取用户对自动化决策知情同意的条款，即提示用户存在自动化决策,并要求用户服从自动化决策的结果。[1]用户同意的内容应该被合理告知,任何人都不应该为自己所不了解的事情负有义务,这是意思自治的基本规则。[2]用户同意的前提必然是知情,即知悉对存在自动化决策和风险的事先解释。换句话说,有了知情才有同意。那么,用户知情同意所需的告知义务是否能延伸至事后解释呢?

如果事先解释已经能够提供用户应知的全部合理内容,事后解释殊无必要。然而,合同产生的风险并不能在签订合同的时候被完全地描述和预见。上文中淘宝对自动化决策语焉不详的事先解释并不能使用户适度知情。用户知情应包含事先和事后解释,这种安排类似于医疗合同中患者的知情权。自动化决策领域与医疗领域十分相像,算法使用人与医生都具有专业知识,用户和患者一样弱势,而使用网络和参与医疗一样必要。医疗合同中,即使医务人员事先履行了告知义务,并不排除患者在事后的知情权利,即了解自己接受治疗的具体情况。而由于患者很难真正理解医疗程序和风险,医务人员即使事先履行了告知义务,也不等于可以将医疗的风险和责任完全转嫁给患者。回到算法的自动化决策领域,当淘宝使用的算法可以判定用户是否违约,或者直接停止提供支付服务时,用户仅仅在事先知道有自动化决策显然不是真正和适度的知情。尊重用户要求事后解释的权利,应该是企业对于用户告知义务的合理内容。

企业提供详尽的事先解释是否可以排除事后解释的义务?回答是否定的。因为,任何事先解释都无法完全或者充分的对

---

[1] 参见新浪微博用户协议:"用户知悉并同意,微博平台有权根据技术规则通过检测验证等方式判断用户账号所发布的信息是否为垃圾信息,并采取相关措施予以处理。" https://weibo.com/signup/v5/protocol,以及文中提到的淘宝与支付宝的用户协议。

[2] 董安生:《民事法律行为》,中国人民大学出版社2002年版,第196页。

自动化决策的后果和风险进行描述。即使有，这种事先解释必然文字极多，对用户而言无法理解也与自己不相关。显然，要求患者接受治疗前必须学习医学知识是荒谬的，让用户通过事先解释了解自动化决策，而排除事后解释的义务也是不合理的。

从另一个角度论证，即使用户通过协议的提示预见到了自动化决策错误的风险，这是否可以排除事后解释的权利呢？显然不能。用户意思自治下的"同意"必然包含着，用户有理由期望在发生危害和错误时，企业以公正和负责任的态度做出回应，否则将无从基于信赖利益接受用户协议。这种合理要求并不因服务协议中没有提及或排除而消失。与此类似的是，很多互联网企业提供的服务协议均要求用户放弃起诉的权利[1]，如必须仲裁等条款，但用户要求法院裁决合同纠纷的权利并不因此消失。如果没有法院背后的公权力作为公正裁决和履行合同的保障，用户势必从一开始就不敢信任企业并接受用户协议。同样，也是基于这种基本的信赖用户才可能同意接受自动化决策。

由上得出结论，赋予用户要求自动化决策使用者事后解释的权利，是用户基于意思自治同意用户协议的应有之义。事后的算法解释，是合同意思自治必然衍生的权利，而且不可被事先解释所替代。

（三）正义：算法解释权是合同风险的合理分配

葛德文说："正义的原则，引用一句名言来说，就是一视同仁。"[2] 在本文的语境下，正义在于公平合理地分配自动化决策带来的风险。拉伦茨指出："合同中的均衡与公平原则是民法的

---

[1] 参见"用户条款和法律文书，藏污纳垢之严重令人震惊。其中揭示了很多知名网络平台利用用户协议躲避官司的行为"，载 https://news.cnblogs.com/n/578564/Equifax.

[2] [英] 威廉·葛德文：《政治正义论》（第 1 卷），何慕李译，商务印书馆 1982 年版，第 1 页。

精神基础……在双务合同中,给付与对待给付至少必须具有相近的价值,还关系到如何公平地分配那些与合同相关的风险和负担问题。"[1]现实状况是,自动化决策根据作出影响用户合同权利的决定,用户只有接受的义务并承担全部自动化决策带来的风险,双方给付与风险负担完全不对等。算法解释权能够有效地促使企业和用户之间的权利义务以及基于自动化决策产生的风险负担趋于等价。

自动化决策是一种独特的"知识和无知的结合",其带来的损害符合风险多样性、突发性和随机性的特点,是人工智能技术发展必然伴随的风险。[2]自动化决策的算法一旦发生错误给整个社会运行带来巨大风险。2010 年由于算法的错误,美国股市道琼斯指数下跌达 998.5 点,10 000 亿美元财富蒸发。[3]然而,现状是由相对人承担全部风险:接受结果(无论对错)并自己提供数据推翻决策。决策错误可能由两个原因造成:其一是使用的数据错误;其二为算法本身的错误。而算法解释对此种错误造成的风险均可充分消解。如果为算法决策的数据错误,可通过对算法决策的解释发现自动化决策做出的依据,从而让用户获得更新数据获得重新决策的机会,避免错误数据被多个算法反复使用。如果为算法本身的错误,如算法本身有歧视因素(如性别歧视或种族歧视),则可通过算法解释充分避免在全

---

[1] [德]卡尔·拉伦茨:《德国民法通论》,王晓晔译,法律出版社 2003 年版,第 60 页。

[2] 杜仪方:"风险领域中的国家责任——以日本预防接种事件为例证",载《行政法论丛》2011 年第 0 期。

[3] 2010 年 5 月 6 日早 10 点美国股市大跌 2.5%,后到东部时间下午 2 点 42 分,股市剧烈波动后进入自由落体状态,创下了有史以来单日最大跌幅。紧接着一分钟之内又暴涨了 300 点。由于堪萨斯城的一位经理人的算法过快出售掉了价值 40 亿美元的股指期货,导致其他算法跟风。参见 [美]克里斯托弗·斯坦纳:《算法帝国》,李筱莹译,人民邮电出版社 2014 版。

社会带来更大范围内的风险。

通过算法解释权将风险再分配给算法的开发者或使用者是基于以下考量：其一，算法的开发和使用者具有风险分散的能力。相对人的力量过于弱小，应把风险分配给技术力量更为强大的算法开发者和使用者，可诱导可控制风险之人尽可能在初期就降低风险，从而避免损害发生。其二，自动化决策事实上的强制性。相对人提供数据，接受自动化决策，看似是基于私法的用户协议。但由于互联网行业垄断态势决定相对人无法通过"用脚投票"拒绝用户协议。如果拒绝则意味着无法获得贷款、租房、就业的机会，自主隔绝于社会生活，因而具有事实上的强制性。虽然欧盟有法律提出相对人应享有"拒绝接受数字化决策，要求人为干预"的权利，但其仍停留在学理讨论阶段。[1]其三，保护相对人的信赖利益是算法开发者和使用者承担算法解释责任的基础。合理信赖之保护的不断加强为法律现代化进程中的主线之一。[2]受害人基于信赖利益委托算法使用个人数据进行自动化决策。法律这样分配风险有助于形成人对算法自动化决策的基本信任，而工业的发展、科技的研发等都需要一种信任模式的建立和良性运作。[3]

反对算法解释权可能源自担忧其限制技术创新降低社会效率。然而，算法解释权并非是为了公平而牺牲效率的选择。效率价值可以体现在责任认定的具体规则上，或通过责任限额制

---

[1] B. W. Goodman, "A Step Towards Accountable Algorithms? Algorithmic Discrimination and the European Union General Data Protection", 29th *Conference on Neural Information Processing Systems* (NIPS 2016), Barcelona, NIPS Foundation. 2016.

[2] 马新彦：“信赖与信赖利益考”，载《法律科学（西北政法大学学报）》2000年第3期。

[3] 龙卫球、林洹民：“我国智能制造的法律挑战与基本对策研究”，载《法学评论》2016年第6期。

度、保险制度与责任基金制度来分担责任,以防科技企业损失巨大,无以为继。现在无可用法律资源对受害人进行救济,这种受害人完全无助的境地显然是法律所应避免的、违背基本公平正义理念的。

基于以上讨论,人工智能发展迅猛而法律未及应对,商业自动化决策合同双方权力差距较一般的格式合同更为恶化,为衡平双方地位应配置独立的算法解释权。除此之外,算法解释权是意思自治原则的必然推论,是合同信息不对称的矫正工具,也是对合同风险的合理分配。此番探讨引来了下一个问题,如何设置算法解释权的内在构造与具体制度,以实现公平与效率的兼顾呢?

五、算法解释权的内在构造

如果说前文是算法解释权理论正当性和实践效用性的论证,本部分则是对具体制度设计的构想。算法解释权的确立满足了自动化决策领域基本的公平正义,此部分制度的设计则体现了对相关科技发展、效率等社会利益的考量。算法解释权的目的在于披露信息与提供救济,这决定了算法解释权只能由具体决策的相对人在事后提起。算法解释权的内在构造从权利主体、解释标准、解释权内容层次三个方面展开。

(一)算法解释权的权利主体:自动化决策使用者与相对人

算法解释权的主体应为认为受到自动化决策不利决策的相对人,如经过算法评估不被雇佣的候选人、自动化信用评分体系拒绝批准贷款的相对人等。负有义务者为自动化决策的使用者,包括根据合同自动化决策的使用者(如网络平台、保险公司、银行等),也包括使用自动化决策决定涉及资格、权利等事项的企业(如决策获得教育入学资格、雇佣合同续约资格等公司）。需要指出的是，当算法的使用者无法提供解释时（如由于技术能力的限制），算法的开发者有义务进行协助，以为相对人提供具体决策的解释。

（二）算法解释权的解释标准：相关性与可理解性

那么，算法解释权的解释内容标准如何？对解释内容的顾虑主要在于，提供的解释是否应包括技术细节？答案显然是否定的。解释包括技术细节既有害于商业秘密之保护，又使相对人不能理解而无实际意义。技术上的可解释性如随机扰动技术、[1]不变形分析、可视化和维度降低，[2]并非法律上的可解释性之"有法律意义的信息"。如同患者对医生提出知情的具体要求并不等同于要知晓每一个具体的医疗事实一样，算法解释权不应以纯粹的技术知识作为解释的内容，这不仅由于商业秘密和技术难度，也由于披露一切科技细节并不会有助于相对人得到救济，或增强对自动化决策使用者的信赖。出于救济的目的，解释的内容应符合两个标准：第一，具有相关性，即必须与相对人所受的具体自动化决策相关；第二，相对人能够理解。最终目的是证实自动化决策可资信赖。在此原则上，除了可理解性和相关性，应针对不同的自动化决策内容制定不同的解释标准，而非"一刀切"，涉及人的权利越基本和重要，则解释内容的标准就应该越高。

（三）算法解释权的双层结构：具体解释与更新解释

算法解释权具体内容应包括两个层次：第一层次为事后的具体解释；第二层次为事后更新解释。此外，还应为自动化决

---

[1] M. D. Zeiler and R. Fergus, "Visualizing and Understanding Convolutional Networks", *European conference on computer vision*, Springer, Cham, 2014, pp. 818~833.

[2] A. Mahendran and A. Vedaldi, "Understanding Deep Image Representations by Inverting Them", *Proceedings of the IEEE conference on Computer Vision and Pattern Recognition*, 2015, pp. 5188~5196.

策者拒不提供解释或没有提供相对人满意的解释提供进一步协商和救济的选择。以上层次应为层层推进的关系，上一层次的解释完备后即排除下一层次的解释权利，以最大限度地节约资源、提高效率，减轻自动化决策使用人的负担。

（1）事后的具体解释。第一层面为事后的具体解释。这一层面使相对人了解具体决策的规则和因素，既可以排查具体决策适用的规则是否包含有歧视性、非法性问题，又可以让相对人知晓具体不利决策做出的原因。其在符合相关性和可理解性标准的前提下包括两个层面：其一，解释与具体决策相关的系统功能，例如自动该决策系统的逻辑、意义、算法设定的目的和一般功能，包括但不限于系统的需求规范、决策树、预定义模型、标准和分类结构等。其二，解释具体决策的理由、原因、产生决策结果的个人数据，例如每种指标的功能权重、机器定义的特定案例决策规则、起参考辅助作用的信息等。[1]

举例而言，银行使用公民数据（如纳税记录，收入记录等）对用户进行信用评级，以决定是否发放信贷。用户可以申请信贷公司或算法提供者解释算法的功能和通用的逻辑（比如参与决策的数据类型和特征，以及决策树的类别）、算法的目的和意义（进行信用评分以发放贷款）以及设想的后果（可能影响信用记录，影响利率）。在第二个层面，用户可以要求解释具体决定的逻辑和个人数据的权重。例如，用户的信用评分结果参考了哪些数据以及这些数据在决策树或者模型中的权重。第一个层次的信息类似于行政复议中对行政决定的合法性审查，通过对算法的决策基本情况的了解，用户有权知晓算法是否合法，

---

[1] A. Mahendran and A. Vedaldi, "Understanding Deep Image Representations by Inverting Them", *Proceedings of the IEEE Conference on Computer Vision and Pattern Recognition*, 2015, pp. 5188~5196.

是否包含有歧视因素,等等。而第二个层面的审查类似行政复议中对行政决定的合理性审查,即每个数据在评分中所占的比重是否合理。否则,如果一个人被互联网信贷公司拒绝,他被告知,算法充分考虑了他的信用记录、年龄和邮政编码,但此人仍然不清楚每种因素所占比重和哪个因素导致自己被拒绝,解释权便形同虚设。

(2)事后的更新解释。第二层面为事后的更新解释。相对人在知晓有关不利决策的原因后,有两种选择:其一为发现不利决策是由算法错误引起的,可以要求算法使用人对自动化决策进行修正。其二,为发现不利决策是由于使用的数据造成的,要么可以更新数据(提供正确或删除错误数据)要求重新自动决策,要么可提出退出自动决策。

第一种情况下,如果相对人发现不利决策是由算法引起的,如求职被拒者发现算法歧视年轻女性,则可以要求算法使用人更新自动化决策的算法。以事后救济为目的的算法解释权必然包含了使权利状态恢复公平正义的事后更新的请求权。第二种情况下,算法是根据历史数据做出的,如果相对人发现算法使用的历史数据错误,应有权提供正确数据,或消除错误数据的不利影响,要求重新做出决策,或者退出自动化决策。如前文房主起诉 Zillow 自动估价算法低估房产价值,如果发现系由于错误数据造成,用户可以要求更新正确数据。如果此番解释仍不能使估价回归常态,用户有权要求退出自动估价的决策。应特殊注意的是,这种退出自动化决策的权利前两个层次的解释权都无法解决的情况下方可适用。但此种退出决策的否决权十分必要,在相对人遭受不公又无法解决时,应提供其不受自动化决策的权利。类似的情况是,当病人在了解摘除肿瘤或器官移植等医疗手术风险后,决定接受医生的手术,但这并不意味着病人一定有义务完成手术，即使在手术中病人仍可使用否决权要求终止手术。

算法解释权内部的配置和内在构造属于基本的制度设计，应设有开放空间，给未来具有智能性的算法预留一定程度的法律地位的可能性。考虑到现阶段为相对人提供救济的必要性和紧迫性，应同时考虑权利实施中的具体规则，使此种权利能够尽快落地，实现从权利到利益的转化。算法解释权的具体制度应同时考虑效率与正义，其行使限制、程序等问题由于篇幅所限将另撰文详述。

六、结论：实现人工智能时代个案中的公平正义

算法的治理是人工智能时代的重大法律问题，可同时考虑设置事前的风险防范机制和事后的问责制。现有思考多为事先机制，即提高算法透明度、设置机器伦理制度、让算法接受公众和专家机构的质询和评估。然而，在涉及事后监管的算法问责制时，复杂的智能和自主技术系统的法律地位问题与更广泛的法律问题交织在了一起。算法的问责制更能够确保有效地为造成的损害分配法律责任，对一个个具体受到自动化不利决策的个体来说，算法问责制可以彰显个案中的公平和正义。

算法问责制应是一个由多种权利构成的权利束，而事后的算法解释权是最为核心和必要的一支。本文就是为了应对自动化决策广泛应用，而相对人权利无从救济的困境，才对算法解释权的正当性从私法领域进行了理论证成。在穷尽现有法律资源仍无法实现救济功能的情况下，算法解释权作为人工智能时代风险分配的方式和对算法权力的规制，具有不可替代的实践效用性。这样的算法解释权的内在构造具有独特的内容要求和双层架构，具体制度应在兼顾效率和公平的原则下进行设计。

人工智能和算法的知识具有较强的专业技术性，且在短期内无法广泛普及，我国互联网法院的设立开创了世界互联网司法先河，对于未来算法解释权相关纠纷的解决进行探索，可考虑设立专门的算法技术机构予以协助，使算法解释权从制度设计到具体实施得以完善。

（张凌寒："商业自动化决策的算法解释权研究"，原载《法律科学》2018年第3期。）